Bernd Koldewey

Jakobusspuren im Sauerland
Pilgern – Wandern – Entdecken – Genießen

- Reisereportage -

Bibliografische Informationen der Deutschen Nationalbibliothek: Die Deutsche Nationalbibliothek verzeichnet diese Publikation in der Deutschen Nationalbibliografie; detaillierte bibliografische Daten sind im Internet über http://dnb.d-nb.de abrufbar.

© 2016 Bernd Koldewey
Fotos: Bernd Koldewey

Herstellung und Verlag:
Books on Demand GmbH,
Norderstedt

ISBN: 978-3-8391-4543-2

Bernd Koldewey

Jakobusspuren im Sauerland
Pilgern – Wandern – Entdecken – Genießen
- Reisereportage -

Illustriert ist das Buch mit zahlreichen
ausgesuchten Schwarz-Weiß-Bildern

© Herstellung und Verlag:
Books on Demand GmbH,
Norderstedt 2016

Inhalt

Vorwort
Jakobsweg Sauerland… 9

Kapitel 1
Das Sauerland- Land der tausend Berge…12

Kapitel 2
Arnsberg – die Perle des Sauerlandes
Von Arnsberg bis nach Sundern… 17

Kapitel 3
Breckerfeld, das Tor zum Sauerland… 47

Kapitel 4
Über den Rothaarsteig zur Heidenstraße
Von Brilon bis nach Winterberg… 57

Kapitel 5
Die Heidenstraße I
Von Korbach bis nach Winterberg… 94

Kapitel 6
Marsberg und das Heiligtum der Sachsen
Von Essentho bis nach Obermarsberg… 126

Kapitel 7
Meschede und die Jakobuskirche
in Remblinghausen... 148

Kapitel 8
Jakobusspuren im Sauerland
Von Rüthen bis nach Kallenhardt... 165

Kapitel 9
Die Heidenstraße II
Von Winterberg bis nach Schmallenberg... 190

Kapitel 10
Jakobusgeschichte... 213

Kapitel 11
Jakobskult in Europa... 215

Autorenporträt (Vita) ... 218

Publikationen... 220

Vorwort

Liebe Leserinnen und Leser!

Das Sauerland ist eine bergreiche Region im Süden von Nordrhein-Westfalen und mit seinen vielen Bergen, Wäldern, Flüssen, Bächen und Seen (Stauseen) ein beliebtes Ferien- und Ausflugsziel. Die Nähe zum Bergischen Land, Ruhrgebiet, Ostwestfalen, Hessen und Siegerland ist ideal für diejenigen, die schnell in eine der schönsten und naturreichsten Regionen von NRW wollen. Pilger, die sich auf Jakobus` Spuren begeben, finden nicht nur eine atemberaubende Landschaft vor, sondern auch schöne kleine Ortschaften und Dörfer mit Kirchen und Kapellen, die unter anderem auch dem Heiligen Apostel Jakobus geweiht sind.

Ich habe mich seit einiger Zeit auf Spurensuche begeben, um diese fantastische Region des Sauerlandes zu erkunden und zu erforschen. Dabei liegt mein Augenmerkmal auf dem Erforschen der Altstraßen und ihrer Nebenrouten. Wo gibt es Hinweise auf Jakobus und seine Pilgerschaft? Welche Route nutzten eventuell Jakobspilger im Mittelalter? Wie war die Beschaffenheit der Wege? Folgten sie den sicheren Hauptrouten wie z.B. alten Handelsstraßen und Heerwegen oder nutzten sie auch Nebenrouten (Verbindungswege)?

All diese Fragen einer Pilgerschaft durch das Sauerland versuche ich zu beschreiben und in Bildern festzuhalten. Die Geschichte des Mittelalters spielt für mich persönlich eine große Rolle, denn ich möchte nicht nur die heutigen touristischen Sehenswürdigkeiten vorstellen, sondern immer auch die mittelalterlichen Aspekte mit einbeziehen.

Mit Rucksack, Pilgerstock und Zelt im Gepäck genoss ich bei meinen Recherchen die Freiheit des Pilgerns. Immer den innerlichen Blick auf das mystische und geheimnisvolle Pilgern im Mittelalter. Kann man eine gefühlsmäßige Ahnung bekommen, wenn man durch die sauerländischen Wälder streift oder auf den Höhen in die Ferne blickt?

Ich versuchte mir vorzustellen, wie ein mittelalterlicher Pilger seine Wallfahrt nach Santiago de Compostela erlebt haben könnte. Die Unabhängigkeit und die Stille in Gottes freier Natur zu zelten und auf einsamen Pfaden zu pilgern, ermöglichte mir den Blick des einfachen Lebens und des unbeschwerten Unterwegsseins.

Kann ich diese inneren Impulse- und Wahrnehmungen in Bildern einfangen? Auf den Altstraßen, Heerstraßen und den alten Handelswegen, wie zum Beispiel die Heidenstraße, die über Medebach durch das Sauerland führt, hatte ich gute Chancen. Hier konnte ich die Zeit zurückdrehen und durch alte Hohlwege pilgern, die einen an das Mittelalter erinnerten.

Aber auch die alten Ortschaften, Kirchspiele und kleinen Weiler mit ihren Urpfarreien, die bis heute an vielen Orten im Sauerland erhalten geblieben sind, vermitteln einem den Eindruck, als sei die Zeit stehen geblieben. Auf Jakobusspuren zu pilgern ist ein echtes Abenteuer und eine Zeitreise in einer längst vergessenen Welt, auch im Sauerland.

Buen Camino!

Bernd Koldewey

Kapitel 1

Das Sauerland - Land der tausend Berge

Das Sauerland, das „Land der tausend Berge", wie man die einzigartige Region gerne bezeichnet, erstreckt sich zwischen den Flüssen Volme, Möhne, Ruhr, Diemel, Lenne und Bigge. Sie sind nur einige der Flüsse, die das Land mit ihren Nebenflüssen geprägt haben. Auch die vielen großen Stauseen wie der Möhnesee, Biggesee, Sorpesee und Hennesee, um nur einige zu nennen, bereichern die Landschaften des Sauerlandes. Sie dienen seit Beginn des 20. Jahrhunderts als Wasserreservoir für Trinkwasser und für die Stromversorgung größerer Städte, auch für das Ruhrgebiet. Ganz wichtig war die Gefahr bei Hochwasser, hier standen früher durch starken Regen und die Schneeschmelze im Frühjahr ganze Landstriche unter Wasser. Erst durch das Aufstauen der Flüsse konnte man die Pegelstände regulieren und das Hochwasser abwenden. Heute bieten diese traumhaften sauerländischen Seenlandschaften mit kristallklarem Wasser, umgeben von Wäldern, Wiesen, Feldern sowie den vielen Badestränden für Wassersportler und andere Freizeitaktivisten viel Spaß und Freude. Campen, Baden, Angeln, Tretbootfahren, Surfen und Segeln sind nur einige Aktivitäten. Auch mit Ausflugsschiffen kann man die vielen naturnahen Stauseen genießen.

Jakobspilger im Sauerland

Traumhafte Landschaft im Frühling

Das Sauerland oder auch Süderbergland, wie man die Region auch nannte, ist eine der größten und schönsten Waldregionen in Deutschland. Mit seinen vier großen Naturparks, Rothaargebirge, Ebbegebirge, Homert und dem Arnsberger Wald, ein Wanderparadies für Jung und Alt. Insbesondere die fantastische Bergwelt mit Höhen von über 800m bieten zu allen Jahreszeiten viele Urlaubs- und Freizeitangebote. Im Frühling und Sommer genießt man die Düfte der Wälder, Wiesen und Felder, im Herbst das Farbenspiel der Natur und auf den luftigen Höhen eine bizarre Heidelandschaft. Und schließlich der Winter, der im Hochsauerland einen ganz besonders hohen Stellenwert hat; von Nah und Fern reisen viele Wintersportler an. Besonders bekannt sind die Ortschaft Winterberg sowie der Kahle Asten (842m) und der Langenberg (843m), die höchsten Erhebungen des Sauerlandes, hier kann man die weiße Pracht genießen.

Geschichte und Historisches

Das Sauerland hat eine interessante und über 1000-jährige Geschichte hinter sich. In der Mittelgebirgsregion des Sauerlandes, im nordöstlichen Teil des Rheinischen Schiefergebirges, siedelten sich aber schon weitaus früher Menschen an. Grabfunde, die man in den sauerländischen Höhlen und Wäldern gefunden hatte, belegen, dass sich schon in der Jungsteinzeit (Neolithikum), in einer Zeit wo sich das Klima stark veränderte, Menschen ansiedelten.

Später kamen die Kelten, sie bauten kleine Siedlungen und lebten innerhalb ihrer Wallburgen (Ringburgen) zusammen. Aus dieser Zeit stammen die Reste der Wallburg von Bruchhausen, drei bizarre Felsen (Bruchhauser Steine, Olsberg) ragen noch heute von Weitem sichtbar über die bewaldeten Höhen. Im 7./8. Jahrhundert kamen die Sachsen ins Sauerland, sie rodeten die Wälder und machten das Land urbar. Sie waren vermutlich die ersten, die Ackerbau und Viehzucht betrieben und ihre Felder bestellten. Siedlungen und Dörfer wurden gebaut und man lebte friedlich in einer germanischen Gemeinschaft. Dann kamen die Franken, unter dem König und christlichen Heeresführer Karl dem Großen wurden die Sachsen, die noch an ihre germanischen Gottheiten glaubten, zum Christentum bekehrt.

In den folgenden Jahrhunderten gab es immer wieder Gebietsstreitigkeiten, auch das Sauerland war betroffen. Grafschaften und Herzogtümer entstanden, das Land wurde von den jeweiligen Regenten geteilt, im westlichen Teil des Sauerlandes lag die Grafschaft Mark, das märkische Sauerland und im östlichen Teil das Herzogtum Westfalen, das kurkölnische Sauerland. Aus dieser Zeit stammen viele Burgen, die die territoriale Macht der jeweiligen Landesherren zeigten

Ich wünsche Ihnen, liebe Leserinnen und Leser, viel Freude und Abwechslung beim Lesen meiner Artikel über die Pilgerschaft im Sauerland. Die vielen Fotos sollen die eindrucksvollen Erlebnisse meiner Spurensuche widerspiegeln. Auch das Historische, Traditionen und das Geschichtliche der Region des Sauerlandes, sowie dessen Städte und Ortschaften mit ihren schönen Kirchen und Kapellen, die am Jakobsweg liegen, sollen hier nicht zu kurz kommen.

Jakobusskulptur

Kapitel 2

Arnsberg – die Perle des Sauerlandes
Von Arnsberg bis nach Sundern

Das Sauerland ist im Herbst besonders schön, vor allem für Pilger und Wanderer. Entdecken kann man nicht nur die einzigartige Natur in den Bergen und Wäldern des Sauerlandes, auch seine historische Geschichte ist faszinierend. Noch einmal ging ich auf Spurensuche und besuchte die Stadt Arnsberg.

Die idyllische Stadt, gelegen in und an einer Ruhrschleife, ist eine von fünf Regierungsbezirken in NRW und war einst die Hauptstadt des Herzogtums Westfalen.

Grafen, Kurfürsten, Hessen und Preußen prägten einst die Stadt und ihre Umgebung. Ziel meines Tagesausflugs war, den Stadtteil Alt-Arnsberg mit seiner umfangreichen Geschichte zu besichtigen, anschließend eine schöne Waldroute zu finden, die mich weiter nach Sundern führt. Bei herbstlicher Stimmung und mittelalterlichen Impressionen, eine besonders schöne Tagestour. Der Ehmsenweg (X8), benannt nach einem Gründer des Sauerländischen Gebirgsvereins (SGV), schien mir der geeignete Wanderweg zu sein.

Empfangsgebäude - Bahnhof Arnsberg

Ruhr bei Arnsberg

Die Anreise mit der Bahn von Herne aus und über Dortmund, ging zügig, in nur zwei Stunden Fahrzeit erreicht man mit dem Sauerland-Express (RE 57) die Stadt Arnsberg. Der als Bürgerzentrum umgestaltete schöne Bahnhof von Arnsberg ist sehr vorbildhaft umgebaut worden, anders wie so manche triste Bahnhöfe, die kurz vor dem Verfall stehen.
Nach kurzem Fußweg entlang der Clemens-August-Straße erreicht man in wenigen Minuten über die Ruhrbrücke die Altstadt. Der alte historische Stadtteil „Alt-Arnsberg" ist eingebettet in einer idyllischen Flussschleife der Ruhr. Östlich und auf der anderen Seite der Ruhr befindet sich die Neustadt mit der Bezirksregierung.

Historisches Arnsberg – Stadt der Grafen, Kurfürsten, Hessen und Preußen

Die Stadt Arnsberg, bekannt als Regierungsbezirk und ehemalige Hauptstadt des Herzogtums Westfalen, blickt auf eine lange Geschichte zurück. Hier wurde nicht nur Geschichte erlebt, sondern auch als eine von fünf Regierungsstädten in Nordrhein-Westfalen entscheidend geprägt und mitentwickelt. Als ich den Alten Markt mit Glockenturm und Maximilianbrunnen erreicht hatte, war ich plötzlich mittendrin, hier befindet sich das historische Herz von Arnsberg. Auf Schritt und Tritt kann man als Besucher den alten Ortskern „Alt-Arnsberg" und seine Geschichte nachvollziehen und erkunden.

Am Alten Markt befinden sich einige gut erhaltene Patrizier- und Fachwerkhäuser, hier an zentraler Stelle pulsierte einst das Leben der Stadt. Auch heute noch kann man in den Cafés am Markt das geschichtsträchtige Ambiente genießen.

Das Alte Rathaus (1710) erinnert an die Zeit, als hier noch der Landtag des Herzogtums Westfalen tagte. Mehrfach wurde das Gebäude durch verheerende Stadtbrände wie die große Feuerbrunst im Jahre 1600 und 1709 vollkommen zerstört und wieder aufgebaut. Die Stadtmadonna um 1500, die sich in einer Nische an der Außenfassade befindet, hat diese Brände überlebt. Auch ein altes Wappen des Kurfürstentums Köln befindet sich am alten Rathaus, es symbolisiert die lange Kölner Herrschaft von 1369 bis 1802.

Weitere Sehenswürdigkeiten am Alten Markt: Der Maximilianbrunnen mit Brunnensäule ist ein Geschenk vom Kurfürsten Maximilian Friedrich (1761-1784), er befindet sich an gleicher Stelle einer alten Brunnenanlage, die die Bürger mit Wasser aus der Ruhr versorgte. Gegenüber befindet sich das Haus „Zur Krim", lange Zeit wohnte hier der Hexenrichter Dr. Schultheiß (gest. 1646). Er war berüchtigt für seine erbarmungslosen Hexenverfolgungen, die um 1630 stattfanden.

Alter Markt mit Brunnen und Glockenturm

Fachwerkhäuser mit Maximilianbrunnen

Der Glockenturm, das Wahrzeichen der Stadt, steht genau an der Grenze zur Oberstadt, die zum Schlossberg hinauf führt. Der frühgotische 44,2m hohe Glockenturm (Wehrturm), der einst zur Stadtbefestigung gehörte, stammt aus dem 12./13. Jahrhundert und gehört zu den ältesten Bauwerken in Arnsberg. Seine Funktion als Glockenturm zu dienen, entstand, da die Filialkirche St. Georg (Stadtkapelle), gleich nebenan, keinen eigenen Kirchturm besaß. Seine bauchig-barocke Doppelzwiebelhaube bekam der Turm nach einem Stadtbrand im 18. Jahrhundert. 1945 ist er erneut abgebrannt und drei Jahre später wieder aufgebaut worden.

Durch den Glockenturm (Stadttorturm) hindurch gelangt man in die Oberstadt, hier befindet sich die katholische Stadtkapelle St. Georg, lange Zeit diente sie als Filialkirche, jedoch ohne eigene Pfarrrechte. Die frühgotische Hallenkirche wurde 1323 erbaut und unterstand dem Kloster Wedinghausen.

Im Anschluss der Besichtigung geht es nun auf den ehemaligen Adlerberg, den heutigen Schlossberg (256m), hier befindet sich die Burgruine bzw. Schlossruine der Grafen von Arnsberg und Kurfürsten zu Köln. Durch ein altes Burgtor und am Rittersaal vorbei geht es hinauf auf das Burgplateau. Hier oben hat man eine grandiose Aussicht auf das alte und neue Arnsberg und seine Umgebung.

Altes Rathaus in Arnsberg

Wappen Kurfürstentum Köln

Stadtkapelle St. Georg

Schlossruine Arnsberg

Man kann sich gut vorstellen, wie sich einst die Grafen und Kurfürsten gefühlt haben, die hier lange Zeit regiert und residiert haben. Der Dichter und Pfarrer August Disselhoff, der einige Jahre in Arnsberg lebte, dichtete hier auf dem Schlossberg das bekannte Volkslied „Nun ade, du mein lieb Heimatland".

Die fast 800-jährige Geschichte Arnsbergs ist so umfangreich, dass sie hier nur kurz wiedergegeben werden kann. Die erste schriftliche Erwähnung Arnsbergs, aus den Urbaren des Klosters Werden, stammt aus dem späten 8. Jahrhundert. Im 11. Jahrhundert beginnt mit Graf Bernhard II. von Werl (1010-1070), der die erste Burg, die sogenannte „Alte Burg" (Rüdenburg) um 1060 auf den Rüdenberg baute, die Herrschaft der Grafen in Arnsberg.

Es folgte Graf Konrad von Werl-Arnsberg (1040 - 1092), er baute um 1077 auf dem gegenüberliegenden Adlerberg (Aarberg) die zweite Burg. Sein Sohn Graf Friedrich (1072–1124), genannt Friedrich der Streitbare, setzte die Wehrhaftigkeit der Burg fort. 9 Generationen und 3 Jahrhunderte lang regierten hier die Arnsberger Grafen, bis die kurkölnische Zeit hereinbrach. Der letzte Arnsberger Graf, Graf Gottfried der IV, hatte keine Nachkommen und vermachte seine Grafschaft und Vermögen im Jahre 1368 dem Kölner Erzstift. Als einziger weltlicher Fürst bekam er im Kölner Dom eine Grabstätte.

Skulptur auf dem Schlossberg

Blick von der Schlossruine

Von nun an war Arnsberg die Hauptstadt des kurkölnischen Herzogtums Westfalen, seine Regenten waren Kölner Kurfürsten und Erzbischöfe.

Die Burg und das Schloss Arnsberg hatten viele Bauphasen erlebt, darunter die von den Erzbischöfen und Kurfürsten Salentin von Isenburg, Maximilian Heinrich von Bayern und Clemens August von Bayern. Das prächtige Arnsberger Jagd- und Residenzschloss erlebte eine prunkvolle Zeit des Barock, Glanz und Gloria. Doch zum Ende des Siebenjährigen Krieges (1756–1763) wurde das Schloss Arnsberg von preußischen Truppen völlig zerstört und nicht mehr aufgebaut. Auch die Stadt Arnsberg wurde von den Kanonen schwer getroffen und Feuer und Flammen ließen die Stadt brennen. Die alte Kurfürstenresidenz fiel 1803 an Hessen-Darmstadt und im Jahre 1816 fing die Preußische Zeit an.

Ab 1817 wird Arnsberg Kreisstadt und Regierungsbezirk in der preußischen Provinz Westfalen. Noch heute lassen sich Spuren dieser doch einzigartigen großen Geschichte, für eine Kleinstadt doch eher selten, an vielen Punkten und Sehenswürdigkeiten nachvollziehen.

Nachdem ich bei meinem Rundgang auf dem Schlossplateau die herrliche Aussicht genossen hatte, setzte ich meine Arnsberger Besichtigungstour fort.

Blick auf Alt-Arnsberg

Unterhalb der Ringmauer

Unterhalb der Ringmauer und Festungsmauer führt ein kleiner Weg zum historischen Weinberg, der sich an der Schlossstraße befindet. Geht man diesen Weg weiter, kommt man hinunter zu einer alten Zollstation, hier verlief damals ein alter Handelsweg, der nach Soest führte. Eine kleine Wegkapelle, das „Tollpöstken" (Zollpöstchen), befindet sich an gleicher Stelle.

Am Westhang des Schlossberges geht es zurück zum Marktplatz. Durch ein kleines Gässchen, ein paar Meter hinab und etwas unscheinbar in einem Baumgarten in einer Mulde gelegen, erreichte ich den Oberfreistuhl, das ehemalige Femegericht von Arnsberg. Ein mittelalterlicher Richtplatz mit einer rekonstruierten kreisförmigen Sitzgruppe aus Sandsteinblöcken.

Hier am originalen Schauplatz wurde im frühen 15. Jahrhundert unter freiem Himmel Recht gesprochen und sogleich auch verurteilt. Der Eigentümer des Gerichts war der Stuhlherr (Gerichtsherr), ein Vertreter des Königs. Die Freigrafen (Richter) waren die Vorsitzenden, sie wurden vom Stuhlherrn gewählt. Weiter waren anwesend 7 Freischöffen und ein Femehelfer, sie waren alle Mitglieder des westfälischen Femegerichts. Die Verurteilten kamen aus allen Schichten der mittelalterlichen Gesellschaft. Darunter befanden sich Mörder, Diebe, Kirchenschänder, Straßenräuber und Brandstifter, um nur einige zu nennen.

Oberfreistuhl Arnsberg

Nachbildung des Femegerichts

Oft verliefen die Prozesse im Geheimen, alle anwesenden Freischöffen erkannten sich untereinander durch verschiedene geheime Grußformen, wie z.B. das Notwort „Reinir dor Feweri"(Reiner durch Feuer). Oder die Losungsformel lautete: Strick, Stein, Gras und Grein (S:S:G:G).

Das Ritual der Anfangsbegrüßung lief folgendermaßen ab, der ankommende Schöffe legt seine rechte Hand auf die linke Schulter des zuerst da Gewesenen und spricht die Worte: Eck grüt ju, lewe man; Wat fange ji hi an? – daraufhin legt der zuerst gekommene Schöffe seine rechte Hand auf die linke Schulter des anderen und erwidert mit folgenden Worten: Allet Glucke kehre in, Wo de Frienscheppen sin!

Auch der Schwur der Verschwiegenheit verlief nach strengen Regeln, die auserwählten Mitglieder legten ihre linke Hand auf zwei gekreuzte Schwerter, die auf einem steinernen Tisch lagen, legten sich jeweils den Strick des Freigrafen um den Hals und beendeten den Schwur mit den Worten: ich schwöre „vor Weib und Kind, Sand und Wind". Der Freigraf spricht am Ende des Prozesses das Urteil, war es eine Verfemung, folgte unmittelbar die Hinrichtung. Weitere Informationen zur Stadtgeschichte unter www.arnsberg-info.de.

Grüner Turm (Stadtbefestigung)

Limps- oder Mäuseturm

So war das wohl damals, mir wird's etwas schaurig und ich verlasse den Ort, der mir nicht so behagt. Es geht weiter durch eine geschichtsträchtige Ortschaft, die ihres gleichen sucht. Auf Schritt und Tritt stößt man auf historische Ereignisse, die sich hier zugetragen haben. Ich bin überwältigt von der Hülle und Fülle der Arnsberger Geschichte. Sie, liebe Leser, könnten sich nun fragen, was hat das alles mit dem hl. Jakobus zu tun? Berechtigte Frage, ich versuche sie mal zu beantworten. Als Jakobspilger, der sich wie ich auf Spurensuche begibt, der stößt immer wieder auf geschichtliche Hintergründe, und ich muss zugeben, mir persönlich gefällt das. Für mich bedeutet das Pilgern, nicht nur durch eine fantastische Natur zu laufen, um sich möglichst selbst zu finden, auch die Geschichte der Ortschaften, die man durchquert und besichtigt, ist für mich interessant. Auch wie die Menschen im Mittelalter gelebt haben, ist für mich wichtig. Es ist ein Stück Heimatkunde und Forschung zugleich, wie passend ist doch da das Mittelalter mit seinem Fundus an Informationen und Wissen. Es sind so einfache Fragen, wie z.B. wann wurde die Kirche erbaut? oder wie heißt der Kirchenpatron? - gibt es einen Hinweis auf eine Jakobusverehrung? - und welche Wege nutzten die Pilger?

Nachdem ich den Grünen Turm und den Limps- oder Mäuseturm, Reste der mittelalterlichen Stadtbefestigung, passiert habe, ging es durch die Gassen noch einmal zum Marktplatz zurück.

Hier beginnt auch der Ehmsenweg, einer von vielen Wanderwegen, die durch Arnsberg führen. Ich habe mir bewusst diesen Weg ausgesucht, da er nach Sundern führt und zum anderen, weil er zu Ehren des Gründers des Sauerländischen Gebirgsvereins (SGV), ausgeschildert wurde. So konnte ich etwas mehr über den Forstmeister Ernst Ehmsen und seinen Mitstreiter Karl Féaux de Lacroix erfahren, beide waren ausgezeichnete Kenner und Heimatforscher des Sauerlandes, sie gründeten 1891 den Verein.

Glockenturm am Alten Markt

Der Ehmsenweg –
Von Arnsberg bis nach Sundern

Mittlerweile sind zwei Stunden vergangen und meine Besichtigungstour in Arnsberg ist noch nicht beendet. Der Ehmsenweg (X8), ist ein Hauptwanderweg des Sauerländischen Gebirgsvereins, er führt auf seinen 74 km von Arnsberg bis nach Olpe. Ich folgte dem Ehmsenweg hinunter zum neuen Markt. Vorbei am ehemaligen Landsberger Hof, heute befindet sich in den alten Gebäuden das Sauerlandmuseum.

Damals zur Zeit des Kurfürsten Ernst von Bayern (1605), der das Stadtpalais für seine Mätresse Gertrud von Plettenberg bauen ließ, soll es hier einen geheimen Verbindungsgang gegeben haben, der das Stadtpalais mit dem Schloss Arnsberg verband. Lange diente es auch den Kölner Erzbischöfen als Residenz. Das Sauerlandmuseum zeigt neben den Sonderausstellungen die umfangreiche Geschichte des kurkölnischen Sauerlandes. Weitere Informationen unter www.sauerland-museum.de.

Nach wenigen Metern erreichte ich das ehemalige preußische Regierungsviertel am Neumarkt, es wird auch Klassizismusviertel genannt. Mit seinen schönen schlichten Gebäuden, erbaut 1817 unter Aufsicht des Berliner Baumeisters Karl Friedrich Schinkel, ein Glanzstück preußischer Kultur.

Sauerland-Museum (ehem. Landsberger Hof)

Klassizismusviertel (Neumarkt)

Hier befinden sich die evangelische Auferstehungskirche, die ehemaligen Gebäuden der Post, das Casino und das Hotel „ Zum König von Preußen".

Ganz in der Nähe steht die Propsteikirche St. Laurentius, die ehemalige Klosterkirche des Klosters Wedinghausen. Die Kirche, die im Inneren wahre Kunstschätze verbirgt, zeigt mit dem Hauptaltar aus Alabaster das ursprüngliche Grabmal des Caspar von Fürstenberg. Auch andere Angehörige aus dem Hause Fürstenberg wurden hier beigesetzt. 1124 wurde Graf Friedrich der Streitbare von Arnsberg hier bestattet. Sehenswert die Glasmalereien der Kirchenfenster im Chorbereich, sie stammen aus der Mitte des 13. Jahrhundert.

Der mit Holzreliefs verzierte Marienaltar, ein Geschenk des Kölner Domkapitels, erinnert daran, dass in den Wirren der napoleonischen Zeiten die heiligen Reliquien des Dreikönigsschreins hier im Kloster aufbewahrt wurden. Stiftsgründer des Klosters war der in Ungnade gefallene Graf Heinrich I. von Arnsberg (1128-1200), der als Brudermörder in die Arnsberger Geschichte einging. Er ließ seinen gleichnamigen Bruder, der Erbansprüche stellte, 1165 einkerkern. Im Jahre 1170 gründete er zur Sühne das Kloster Wedinghausen. Das von den Prämonstratenser-Chorherren (Norbertiner) geführte Kloster lebt nach der Ordenslehre des hl. Norbert von Xanten.

Richtung ehemaliges Klosters Wedinghausen

Propsteikirche St. Laurentius

Er selbst ging im hohen Alter als Laienbruder in sein gestiftetes Kloster und verstarb dort am 4. Juni 1200. Weitere Informationen über die umfangreiche Geschichte des Klosters finden Sie unter www.kloster-wedinghausen.de.

Nach der Besichtigung der Propsteikirche und des Klosters ging es weiter zum Ehmsen-Denkmal, das auch als „Flüsterhäuschen" bekannt ist. Dieser schöne pavillonähnliche Kuppelbau, erbaut 1897 zu Ehren des Gründers Ernst Ehmsen (1833-1893), der zusammen mit Karl Féaux de Lacroix, den Sauerländischen Gebirgsverein gründete, befindet sich im angrenzenden „Eichholz", ehemals Wedinghauser-Klosterwald.

Auf einem Felsvorsprung des „Witten Stein" gelegen bietet das offene Flüsterhäuschen eine fantastische Sicht auf Alt-Arnsberg und das idyllische Ruhrtal.

Hier mache ich ein wenig Rast, lauschte ein wenig dem Rauschen des Waldes und genoss die Aussicht. Weiter geht's durch den Hochwald Richtung Nackenkopf, Buchen- und Eichenbestände säumen die Waldpfade.

Der Hauptwanderweg X8 markiert den Ehmsenweg. Viele Altstraßen verliefen im Sauerland über Höhen und Berge, denn witterungsbedingt waren sie gegenüber den Flussläufen, die damals noch sumpfig und morastig waren, sicherer.

Ehmsen-Denkmal (Flüsterhäuschen)

Blick auf Alt-Arnsberg

Die dichten Wälder in den Tälern waren lange Zeit, auch im Mittelalter, nicht begehbar, nur über gewisse Furten wurden damals Flüsse passiert. Die alten Straßen und Wege über die Höhen (Höhenwege) nannte man auch „Hohe Straßen". Aus dem Lateinischen „Strata Alta" bedeutet das schlicht übersetzt: Altstraße. Nun ist der Ehmsenweg wahrscheinlich keine historische Altstraße wie die Heerstraßen oder Handelswege, aber ein Höhenweg ist er allemal. Südwestlich vom Arnsberger Eichholz geht es ins Ruhrtal und über die Ruhrbrücke hinauf zum Hohen Nacken. Waldpfade führen mich durch die Nonnenkuhle und weiter zur Ehmsenhütte, früher im Dreißigjährigen Krieg versteckten sich hier im dichten Wald Nonnen aus dem Kloster Rumbeck vor den französischen Truppen. Auch die sauerländische Waldroute, die von Iserlohn nach Marsberg führt, kreuzt hier den Ehmsenweg. Durch die dichten Wälder geht es weiter hinauf auf den Ochsenkopf (403,7m). Hier befindet sich zu Ehren des hl. Antonius von Padua ein Bildstock.

Nach wenigen Kilometern bergab, weiterhin durch die Sunderner Wälder, erreichte ich das Städtchen Sundern. Schutzpatron der Stadt ist der Evangelist Johannes. Hier besuchte ich die Katholische Pfarrkirche St. Johannes. An der Kirche, zu Ehren der 700 Jahrfeier Sunderns, befinden sich zwei Kunstobjekte (Grobblechschneidarbeiten) von Friedel Schültke, die den Apostel Johannes und Jakobus d. Ä. darstellen.

Stadtwald Arnsberg (Eichholz)

Ehmsenweg - Wanderweg

Pfarrkirche St. Johannes, Sundern

Auch im Inneren der Kirche fand ich eine schöne Jakobusfigur mit zwei Jakobsmuscheln um den Hals. Die Muscheln tragen auf der Rückseite die Namen der Fuß- bzw. Fahrradpilger aus Sundern, die Santiago de Compostela erreicht hatten. Graf Ludwig von Arnsberg gründete die Freiheit Sundern und die Kirche im frühen 14. Jahrhundert. Die zwei Flüsse Röhr und Linnepe durchfließen den Ortskern.

Der Ehmsenweg führt nun zum Dorf und Sunderner Stadtteil Recklinghausen mit einer Jakobuskapelle, dabei verläuft der Wanderweg zunächst am Südhang des Hohen Hagen (356m) entlang bis in den Stadtteil Selschede.

Jakobusfigur in der Pfarrkirche, Sundern

Diese Gegend nennt man auch das „Alte Testament des Sauerlandes". Von Sundern-Recklinghausen führt der Weg weiter über Endorf und Fretter nach Elspe, hier trifft der Wanderweg (X8) auf die Heidenstraße. Interessant für Jakobspilger, die nach Köln pilgern wollen. Aber auch der Ehmsenweg, der weiter nach Olpe führt, ist für Jakobspilger nicht weniger interessant, denn von hier führt ein Fernwanderweg weiter über Siegburg nach Bonn.

Sundern war für mich der Endpunkt meiner heutigen Spurensuche, ich hatte viel gesehen und erfahren und war froh, das vorgenommene Tagesziel erreicht zu haben.

Die Rückfahrt ins Ruhrgebiet ging zunächst mit dem Bus von Sundern nach Neheim-Hüsten und weiter mit der Bahn über Dortmund nach Herne. Fazit dieser doch großartigen und geschichtsträchtigen Tour ist, mit der Ortschaft Arnsberg eine außergewöhnliche Stadt des Sauerlandes besucht zu haben. Zu Recht kann man die Stadt an der Ruhr als die Perle des Sauerlandes bezeichnen. Und zum guten Schluss der Tagestour wurde ich noch mit einer Jakobusfigur belohnt.

Kunstobjekte zu Ehren der 700 Jahrfeier Sunderns

Blick auf die katholische Jakobus-Kirche

Ansicht auf Breckerfeld

Kapitel 3

Breckerfeld, das Tor zum Sauerland

Die beschauliche kleine Ortschaft Breckerfeld ist das Tor zum Sauerland, sie liegt eingebettet in einer hügeligen Landschaft des Ennepe-Ruhr-Kreises, an der Grenze zum Märkischen Sauerland. Auch ein Jakobsweg führt mitten durch den Ortskern hindurch, es ist eine alte Handelsroute, die die Kaufleute und Pilger früher nach Frankfurt oder nach Köln führte.

Hier auf den Breckerfelder Höhen, mit dem Wengeberg (442m), die höchste Erhebung des Ruhrgebiets, verläuft die alte Frankfurter Straße aus Hagen kommend, über Breckerfeld in Richtung Halver, Kierspe und Meinerzhagen bis nach Frankfurt. Links und rechts der alten Handelstraße, mitten im alten historischen Ortskern von Breckerfeld, befinden sich die beiden Kirchen.
Für Jakobuspilger eine wahre Freude, „Jakobus im Doppelpack", denn die beiden Gotteshäuser, die evangelische sowie auch die katholische, sind dem hl. Jakobus geweiht. Jakobspilger kommen hier voll auf ihre Kosten, zunächst findet man den Schutzpatron der Pilger, den Apostel „Jakobus der Ältere", in der älteren evangelischen Jakobus-Kirche, eine gotische Basilika aus dem Jahre 1390/1430.

Evangelische Jakobus-Kirche

Katholische Jakobus-Kirche

Sie steht an gleicher Stelle einer romanischen Hallenkirche aus dem 13. Jahrhundert.

Der hl. Jakobus befindet sich zusammen mit Maria und Jesuskind im Arm sowie dem hl. Christopherus in der Mitte eines reich verzierten Schnitzaltars. Das aus Eiche hergestellte Meisterwerk (Künstler unbekannt) stammte vermutlich aus dem 16. Jahrhundert. In seiner ursprünglichen Form waren die Tafelmalereien, Skulpturen und Reliefs des Flügelretabels aus Eichenholz, mit verschiedensten Farben dargestellt.

Der mittelalterliche Flügelschnitzaltar
von Breckerfeld mit Jakobusrelief

Der Apostel Jakobus wird als Pilger mit Hut, Muschel, Stab und Buch dargestellt. Des Weiteren befindet sich in der Kirche, nur zur Messe und zu besonderen Anlässen herausgeholt, ein besonders gut erhaltenes gotisches Kruzifix aus Holz. Auch eine der drei alten Glocken im Kirchturm, die größte unter ihnen aus dem Jahr 1558, ist Jakobus geweiht. Die lateinische Inschrift lautet übersetzt: „Ruhmvoller Schutzherr! Unseres Heiles Beistand, löse unsere Fesseln auf, damit wir würdig unsere Klänge geben können."

Jakobus geweihte Kirchenglocke

Die katholische St. Jakobus-Kirche in Breckerfeld befindet sich auf der anderen Seite der Frankfurter Straße. Sie wurde nach dem Stadtbrand im Jahre 1728 und nach der Reformation wieder neu aufgebaut und seit 1845 ist sie katholisch. Die etwas schlicht gehaltene katholische Kirche mit einer schönen mittelalterlichen Pietà zeigt den hl. Jakobus (Bronzeskulptur) im Außenbereich über dem Kirchenportal. In der Nähe der beiden Kirchen, ebenfalls an der Frankfurter Straße, befindet sich der mit Muscheln verzierte Jakobusbrunnen mit Jakobusskulptur aus Bronze.

Kirchenführung mit Herrn Besler

Jakobusbrunnen in Breckerfeld

Muschelsymbol am Brunnen

Im späten Mittelalter, in der so genannten Blütezeit der Stadt, hatte die alte Hansestadt Breckerfeld, die dem westfälischen Hansebund angeschlossen war, wirtschaftlichen Erfolg. Kaufleute und Händler tummelten sich in der Kleinstadt, geschützt von einer wehrhaften Stadtmauer boten sie hier ihre Waren an. Aber auch ortsansässige Handwerker boten ihre eigenen Produkte an, wie z.b. die Herstellung von Stahl- und Stahlwaren. Mit den bekannten Sporen, Schlössern, Klingen und Messern („Breckerfelder Kurzdolch") wurde ein reger Handel betrieben. Breckerfelder Kaufleute brachten die Waren per Ochsen und Pferdekarren in die Handelszentren nach Dortmund oder Köln. Als wichtiger Knotenpunkt in der Grafschaft Mark und an der Grenze zum Herzogtum Berg gab es immer wieder Gebietsstreitigkeiten. Im Jahre 1396 wurden der befestigten Stadt die Stadtrechte verliehen. Im Laufe der Zeit wurde Breckerfeld von mehreren verheerenden Bränden heimgesucht, die den alten Stadtkern öfters verwüsteten.

Aus der Geschichte der alten Hansestadt Breckerfeld kann man wohl von ausgehen, dass auch Jakobspilger die Handelsrouten nutzten. Mit den beiden Jakobskirchen ist die beschauliche Stadt Breckerfeld eine wichtige und schöne Station auf dem Weg nach Santiago de Compostela. Pilger, die aus Dortmund kommen, können heute den westfälischen Jakobsweg über Herdecke und Hagen-Haspe gehen, dieser führt sie dann über landschaftliche reizvolle Höhenwege nach Breckerfeld. Der als Alternativroute gekennzeichnete Jakobsweg führt die Pilger durch Breckerfeld, weiter auf einer schönen 23 km lange Strecke über Wiesen, an Laubwäldern, Bachtälern und an Talsperren vorbei, nach Lennep. Hier trifft er die so genannte Hauptroute wieder, die von Wuppertal-Beyenburg kommt und nach Köln und Aachen führt.

Jakobusmuscheln

Ich hatte Glück bei meinem Besuch in Breckerfeld, mit Hilfe des ehemaligen Vorsitzenden und Vereinsmitgliedes der Jakobusfreunde Breckerfeld e.V., Herrn Karl-Heinz Besler, konnte ich beide Kirchen auch von innen besichtigen. Er gab mir im Namen des Vereins und Vorsitzenden, Herrn Bernd Koch, viele Informationen über den Jakobsweg durch Breckerfeld. An dieser Stelle möchte ich mich bei dem Verein „Jakobusfreunde Breckerfeld e.V." für die freundliche Unterstützung bedanken.

Informationen über den Jakobsweg über Breckerfeld finden Sie auf der Vereinsseite www.jakobusfreunde-breckerfeld.de. Ein Dankeschön geht auch an Frau Pfingsten, sie betreibt zusammen mit ihrem Ehemann, Paul-Gerhard Pfingsten, das traditionsreiche „Cafe Pfingsten", gleich neben der katholischen St. Jakobus-Kirche an der Frankfurter Straße. Sie schenkte mir spontan eine Jakobsmuschel aus Marzipan, eine leckere Delikatesse und Spezialität des Hauses.

Frau Pfingsten mit einer Jakobsmuschel aus Marzipan

Kapitel 4

Über den Rothaarsteig zur Heidenstraße
Von Brilon bis nach Winterberg

Wander- und Pilgerwege gibt es viele im wald- und bergreichen Hochsauerland, so auch auf dem Höhenwanderweg des Rothaarsteigs. Dieser exzellente und faszinierende 154 km lange Fernwanderweg mit hohen Ansprüchen ist mit einem weißen liegendem ‚R' auf rotem Grund markiert. Er führt von Brilon (Westfalen) aus durch die atemberaubende Mittelgebirgslandschaften des Sauerlands, Wittgensteiner Berglands und die des Siegerlands bis am Fuße des Westerwaldes ins hessische Dillenburg, im Lahn-Dill-Kreis.

Der Rothaarsteig ist ein Höhenwanderweg, der einen über die höchsten Berge Nordrhein-Westfalens führt, wie zum Beispiel über den Langenberg (843m) und den Kahlen Asten (842m). Beide Berge befinden sich im gleichnamigen Naturpark Rothaargebirge, das wunderbare Naturparkparadies wurde 1963 eingerichtet und bietet den Jakobspilgern, Wanderern und Bikern unvergessliche Erlebnisse.
2001 wurde der Rothaarsteig, der „Weg der Sinne" eröffnet. Über die Höhen und Kämme geht's vorbei an den Quellgebieten der Möhne, Ruhr, Lenne, Eder, Lahn und Sieg.

Fernwanderweg **Rothaarsteig**

Hochheide mit Blick auf die Bruchhauser Steine

Auch für Jakobspilger ist der Rothaarsteig eine besondere Variante und sehr interessant, in seinem nord-südlichem Verlauf kreuzt er bei Küstelberg (Medebach) die Heidenstraße, einen mittelalterlichen Handelsweg, der einst auch Pilger über Winterberg nach Köln führte. Der Rothaarsteigwanderweg ist für uns einer der schönsten Wander- und Pilgerwege in NRW, gerne könnte man ihn zusätzlich noch als „Jakobsweg" auszeichnen, was ja teilweise schon geschehen ist.

Gemütliche Rast vor der Hiebammen-Hütte

Unsere 2 ½ Tagesetappen, ein verlängertes Wochenende der Spurensuche durch den Naturpark Rothaargebirge, begannen wir in Brilon, hier beginnt auch der Rothaarsteig.

Angereist sind wir mit der Bahn, von Herne über Dortmund erreichten wir Brilon Stadt mit einer Direktverbindung in gut zwei Stunden Fahrzeit. Mit im Gepäck wie immer unsere Rucksäcke, Schlafsack und Zelt. Wir hatten Glück, jetzt Mitte September war auch das Wetter uns hold gewesen, blauer Himmel und angenehme Temperaturen von 18 Grad. Für uns beide ein idealer Start und gute Voraussetzung, um per Pedes die 42 Kilometer von Brilon bis nach Winterberg zu pilgern.

Brilon Stadt – Das Tor zum Rothaarsteig

Brilon, einst mittelalterliche Hansestadt, blickt auf eine lange Geschichte zurück. Ähnlich wie auch bei anderen sauerländischen Städten, die nahe an den Grenzen zu Hessen liegen, waren auch hier die Gebietsstreitigkeiten und kriegerischen Auseinandersetzungen recht häufig.

Als westfälische Siedlung „Villa Brilon" wurde das Fleckchen bereits 973 erstmals in einer Urkunde Kaiser Ottos II. erwähnt. Später gehörte die Gemarkung durch Tausch und Lehen zur Paderborner Kirche, die immer wieder Gebietsansprüche stellte. Doch um das Jahr 1220 ging der Briloner Besitz an den Kölner Erzbischof Engelbert I. über, der die Stadt schließlich befestigte. In der kurkölnischen Blütezeit (13.- 14. Jh.) blühte gemeinsam mit Soest der Handel in der Stadt, Händler und Kaufleute und Bergbauarbeiter ließen sich hier nieder.

Briloner Marktplatz

Rathaus

Petrusbrunnen

Propsteikirche St. Petrus und Andreas

In den umliegenden Bergen wurden schon seit langer Zeit Blei, Eisen, Silber und Galmei abgebaut. Brilon war mit Soest und Werl eine der bedeutendsten Städte im Herzogtum Westfalen. Auch Jakobspilger hielten sich in der Stadt auf, denn bereits 1431 gründete sich am Markt in Brilon eine Jakobusbruderschaft, sie unterhielt das Hospital des Heiligen Geistes. Eine mildtätige Einrichtung, die Obdach und Pflege für bedürftige, alte, arme und kranke Menschen bot.

In unserer 3-stündigen Besichtigung der Stadt kamen wir an vielen Sehenswürdigkeiten vorbei, all diese geschichtsträchtigen Standorte sind Zeitzeugnisse einer historischen großen Vergangenheit dieser Stadt. In der historischen Altstadt von Brilon erreichten wir den alten Marktplatz, umgeben ist er von schönen Fachwerkhäusern, und zentral in der Mitte steht der imposante Petrusbrunnen, auch von den Briloner Bürgern „Kump" genannt. Mit Petrusfigur und Wappen alteingesessener Briloner Familien eine besondere Sehenswürdigkeit. Gleich daneben das historische Rathaus mit seiner eindrucksvollen barocken Fassade. Um 1250 wurde es erbaut und diente zur Zeit der Hanse als Gildehaus für Handwerker, Krämer und Kaufleute. Zwischen den beiden Spitzbögen, erhaltene Elemente der Gotik, befinden sich genau wie oben an der Fassade zwei prachtvolle Bildstöcke, der heilige Petrus, Schutzpatron der Stadt, und eine barocke Marienfigur, zieren die Kunstwerke.

Hinter dem Rathaus befindet sich der Geschichtsbrunnen, dieser zeigt Szenen aus den Briloner Schnadezügen, eine über 620-jährige Briloner Tradition, die an das Grenzabschreiten (Schnadezug) erinnert. Damals, in der Zeit des Herzogtums Westfalen wurden die Grenze zur Grafschaft Waldeck, regelmäßig kontrolliert.

Geschichtsbrunnen

Nur ein paar Schritte, etwas erhöht hinter dem Rathaus, befindet sich die von Weitem sichtbare Briloner Propsteikirche St. Petrus und Andreas. Die dreischiffige und dreijochige Hallenkirche mit mächtigem Westturm (1250) gilt als Wahrzeichen Brilons, erbaut wurde sie bereits 1220, zur gleichen Zeit der Stadtgründung.

Im Inneren der Kirche befinden sich mächtige Sandsteinsäulen und schöne Kirchenfenster sowie Altäre aus dem 16./17. Jahrhundert. Auch ein Jakobusaltar soll hier mal gestanden haben. Der freundliche Küster zeigte uns Jakobspilger in der Sakristei eine alte Jakobusskulptur, vielleicht stand diese mal auf dem verschollenen Altar.

Jakobusskulptur

Nach der Besichtigung der Pfarrkirche von Brilon ging es kurz in westlicher Richtung, die Rochusstraße führte uns zur Rochuskapelle.

Rochuskapelle

Rochusfigur mit Engel

Stadttor „Derkerer Tor"

Diese stammt aus dem 17. Jahrhundert, über dem Eingang befindet sich eine schöne Rochusdarstellung, sie zeigt den hl. Rochus mit Engelskind, das auf den nackten Oberschenkel mit Pestmal zeigt.
Die Kapelle erinnert daran, dass auch die Stadt Brilon von einer Pestwelle heimgesucht wurde. Auch im Inneren der Kapelle befindet sich eine Rochusfigur, diese zeigt den Heiligen mit Brot bringendem Hund, eine Darstellung der Rochusverehrung, die ihn auch oft mit Muschelhut und Pilgerstab zeigt. Dann ging es wieder zurück und wir besichtigten noch das alte Stadttor „Derkerer Tor" (17. Jahrhundert).

Einst hatte Brilon 4 Stadttore und war zusammen mit der wehrhaften Ringmauer und den Wehrtürmen, Gräben und Wellen Teil einer großen Befestigungsanlage.

Rothaarsteig –
Von Brilon bis nach Bruchhausen

Nach der umfangreichen Stadtbesichtigung, die wir nach guten 3 Stunden beendeten, machten wir uns auf den Weg, um zum Startpunkt des Rothaarsteigs und zum Briloner Kammweg zu gelangen. Über die Niedere Straße gelangten wir Richtung Briloner Stadtwald „Drübel", der größte Kommunalwald der Bundesrepublik Deutschland. Im nordwestlichen Teil des Drübels wurden lange Zeit in den Gruben „Arnold", „Seegen Gottes" und „Karthaus", Galmei, Bleierz, Marmor und Kalkspat (Calcit) abgebaut.

Zunächst ging es noch gemächlich bergab aus der Altstadt heraus, dann hinter dem Briloner Krankenhaus Maria-Hilf und dem Kurpark steil bergauf in den Stadtwald Drübel. Immer wieder hatten wir eine fantastische Aussicht auf Brilon. Es ging durch dichte Tannenwälder, bis wir über einen Steig am Poppenberg die Möhnequelle in 556 m ü. NN erreicht hatten. Es war schon etwas anstrengend die Höhe zu erreichen, da kam uns das kalte tröpfelnde Wasser der Möhnequelle gerade recht.

Blick auf Brilon

Rothaarsteig

Richtung Möhnequelle

An der Möhnequelle

Ein wenig verschnauften wir und genossen die Aussicht, dann ging es weiter und wir erreichten die Anhöhe des Poppenbergs (605m). Der Rothaarsteig führte uns kurz danach in ein kleines Tal hinab, Richtung Gudenhagen-Petersborn, hier verläuft die Wasserscheide zwischen Rhein und Weser. Im Hintergrund die weiteren Ausläufer des Rothaargebirges. Am Ortseingang ging es kurz hinauf auf einen Hügel, dort befand sich einst ein dichter Wald mit mächtigen Tannen, der dem Orkan Kyrill zum Opfer fiel. An die verheerende Katastrophe, die im Januar 2007 stattfand, erinnern das Kyrill-Tor und andere Kunstobjekte, die nun im neuen aufgeforsteten Bürgerwald stehen.

Kunstwerk Kyrill-Tor, Bürgerwald

Nach der Besichtigung des Bürgerwaldes ging es nun weiter am Sportplatz vorbei Richtung Borberg (670,2 m), die höchste Erhebung der Briloner Höhen. Doch zunächst führte uns der Rothaarsteig wieder in ein grünes Tal, das Hilbringsetal, hier befindet sich die an einem Bach gelegene „Hiebammen-Hütte"(490m). Für uns Pilger eine besonders tolle Atmosphäre, hier konnten wir eine Weile ausruhen und bei einem Pilgerbierchen unseren müden Beinen etwas Entspannung gönnen.

Nach der herrlichen Rast ging es weiter auf den Borberg, ein steiler Anstieg führte uns durch einen dichten Wald hinauf zu den Ruinen von Borbergs Kirchhof, hier stand früher eine frühmittelalterliche Wallburg (8.-9. Jh.). Ausgrabungsarbeiten legten die Mauerreste und Fundamente einer alten Kirche frei. Auf den Borbergterrassen befinden sich Wälle, Gräben, Hügel und alte Erdwälle aus der Zeit um Christi Geburt. Ganz in der Nähe, auf der Klippe, befindet sich die Friedens- bzw. Marienkapelle (1923), von hier oben hat man eine fantastische Aussicht auf das hochsauerländische Umland (Heidkopf, 715,3m) und auf die Ortschaft Olsberg.

Bis nach Bruchhausen sind es von hier noch 9 km, das Wetter auf den Höhen ist nun unbeständiger geworden, dichte Nebelschwaden und Regen erschweren ein wenig das Wandern. Dennoch ist es fantastisch und mystisch, sich durch die Hochwälder zu bewegen.

Ruinen von Borbergs Kirchhof

Gipfel des Ginsterkopfs

Immer wieder freie Aussichten auf die von Regenschwaden umhüllten Berge, geheimnisvoll tauchen auf der gegenüberliegenden Seite, auf dem Istenberg (728m), die Bruchhauser Steine auf.

Der Feldstein, der höchstgelegene unter den bizarren Felsformationen, tauchte hin und wieder aus dem Nebel hervor. Die anderen drei, Bornstein, Goldstein und Ravenstein blieben noch verborgen. Wir erreichten eine Schutzhütte, hier im Schutz des hölzernen Unterstandes, befand sich auch der hl. Antonius, ein Bildstock aus dem 18. Jahrhundert. Nach einer kurzen Rast ging es weiter über den Schusterknapp (608,1m) in Richtung Ginsterkopf (657,3m). Bevor wir den Ginsterkopf erklimmen, im wahrsten Sinne des Wortes, ging es über eine Klettervariante und über rutschige Felsen steil aufwärts. Ein wahres Vergnügen, die Waden freuten sich. Für Kinder und ungeübte Wanderer nicht geeignet. Auf den schmalen Pfaden ging es über den Bergkamm stets aufwärts, die Belohnung grandiose Aussichten auf die Bruchhauser Steine, die immer noch in der Ferne lagen.

Nach knapp zwei Kilometern hatten wir die Höhe des Ginsterkopfs erreicht, eine umwerfende Aussicht, starr vor Freude blickten wir über eine bizarre offene Landschaft, die Weite und die Ferne ließen uns inne halten. So müssen sich Gipfelstürmer freuen, die einen gigantischen Berg erklommen haben.

Blick auf die Bruchhauser Steine

Durch dichte Wälder…

Ich kannte dieses Gefühl, als ich Ende August 2008 über einen Pyrenäen-Pass pilgerte waren die Emotionen so ähnlich. Es ist ein Gefühl der Freiheit und auch eins zu sein mit einer wunderbaren Natur, die uns der liebe Gott schenkte. Der Rothaarsteig wird hier auf dem Gipfel des Ginsterkopfs dem Slogan „Weg der Sinne" gerecht.

Noch eine Weile genossen wir die einsame Atmosphäre auf der heidenreichen Hochfläche und den Blick auf die Bergwelt des Sauerlandes. In der Ferne sahen wir nicht nur die Bruchhauser Steine, auch Elleringhausen lag uns zu Füßen. Dann ging es wieder abwärts hinunter zur Feuereiche. Unterwegs trafen wir auf einige Wanderer, junge Männer, die in einer Schutzhütte übernachten wollten. Sie waren mit Schlafsäcken ausgestattet und hatten kein Zelt dabei. Ein paar Meter unterhalb der Hütte erreichten wir über einen Pfad die Feuereiche. Ein 10m hohes Kunstobjekt (2003), ein Eichenstamm, umschlungen mit einem Band aus Bronze und fein geschnitzten Reliefs, es verkörpert symbolisch das Leben und die Entwicklung des Feuers bis hin zur modernen Welt. Nachts beleuchten künstliche Flammen den Stamm. Mittlerweile ist der Abend angebrochen, jetzt Mitte September wird es früher dunkel, noch in der Dämmerung bauten wir unser Zelt auf. Den geeigneten Platz dafür, unterhalb der Feuereiche, hatten wir somit auch gefunden.

Zelten unterhalb der Feuereiche

Bruchhauser Steine

Hier unterhalb der Eiche fühlten wir uns wohl und wir hoffen ein wenig von der Magie dieses geheimnisvollen Ortes abzubekommen. Mit einer Flasche „Rioja", spanischen Rotwein, ließen wir den Abend ausklingen. Wir hatten eine angenehme Nacht, morgens um 7 Uhr waren wir fit und ausgeruht, weiter geht's über den Rothaarsteig in Richtung Bruchhausen. Wir überquerten die Landstraße L 743 und wanderten gemächlich über einen Waldpfad, der uns immer näher an eine frühere keltische Stätte, die imposanten Bruchhauser Steine heranführt. Hier befinden sich die Überreste einer Wallburganlage, die älteste ihrer Art in Westfalen. Schon seit der frühen Eisenzeit besiedelten Menschen diese Gegend.

Die vulkanischen Felsenriesen sind vor Millionen von Jahren entstanden. Die mächtigen Giganten des Sauerlandes strotzen über den bewaldeten Isenberg empor, wir wandern nun unterhalb der Steine am Hang entlang. Das Wetter schien mitzuspielen und machte die Sicht zu den Riesen frei.

Der größte unter ihnen, der Bornstein, ist über 90m hoch, hier brüten Wanderfalken. Auf fast gleicher Höhe befindet sich der Ravenstein, er ist 72m hoch. Der Goldstein etwas oberhalb des Bornsteins misst eine Höhe von 60m und der Feldstein, der höchstgelegene Felsen, erreicht eine Höhe von 45m.

Über einen Waldpfad geht es weiter am Hang und um den Isenberg herum, nach einigen Kilometern erreichten wir das beschauliche Bruchhausen (450m). Der schöne Ort mit vielen Fachwerkhäusern liegt im idyllischen Medebachtal und ist ein Stadtteil von Olsberg. Im Tal sahen wir schon die Pfarrkirche St. Cyriakus, über eine Weide ging es hinunter ins Dorf. Jetzt erst einmal frühstücken, gleich unterhalb der Kirche fanden wir das Richtige, die Cafe-Pension Steinrücken-Mertens, hier wurden zwei hungrige Pilger bestens versorgt.

Cafe-Pension Steinrücken-Mertens

Rothaarsteig –

Von Bruchhausen bis nach Winterberg

Bruchhausen an den Steinen, wie es auch genannt wird, ist als „Europäisches Golddorf" ausgezeichnet worden. Ein idyllisch gelegenes Dörfchen inmitten einer intakten Natur. Wir genossen bei Kaffee und Brötchen das dörfliche Leben, noch einen Kräuterlikör und weiter geht's. Wir verlassen den schönen Ort, den man auch gut von Brilon aus in einer Tagesetappe erreichen kann. Jakobspilger, die nicht mit einem Zelt unterwegs sind, finden in Bruchhausen bestimmt auch eine gute Unterkunft.

An der Pfarrkirche St. Cyriakus vorbei führten uns Treppen wieder nach oben auf den Rothaarsteig. Von der kleinen Kapelle aus ging es wieder in die Höhe, noch einen letzten Blick auf das im Tal liegende Bruchhausen. Unsere zweite Tagesetappe führte uns nun auf den höchsten Gipfel des Sauerlandes, den Langenberg, er misst eine Höhe von 843 m, und ist somit 2m höher als der des Kahlen Asten (841m).

Die waldreichen Höhenwege des Rothaarsteigs führen uns durch eine wunderbare Mittelgebirgslandschaft, immer näher an die hessisch/westfälische Grenze heran. Alte Grenzsteine bezeugen den historischen Verlauf des Fernwanderwegs.

Blick auf Bruchhausen

Richtung Langenberg

Nach einer Weile bergauf kommen wir am historischen „Richtplatz am Hoppern" vorbei, heute ein Rastplatz mit Bänken. Jedoch früher stand hier auf einer Höhe von 750m eine mittelalterliche Gerichtsstätte, hier an der Grenze zu Westfalen und Hessen wurde zwischen Leben und Tod entschieden. Nach der kurzen Rast mit Blick auf Willingen und das Waldecker Upland ging es weiter bergauf am alten Grenzverlauf entlang. Hier stehen noch am Wegesrand die alten Schnadesteine, Grenzsteine aus dem Jahr 1825, die früher das Grenzgebiet markierten. Der Rothaarsteig führt uns nun den Langenberg hinauf. Ein Schritt nach links und wir sind in Hessen, ein Schritt nach rechts und wir befinden uns in Westfalen. Grandios, mitten auf der Grenzlinie, der Wanderweg des Rothaarsteigs. Immer wieder hatten wir von hier oben tolle Aussichten auf die einzigartige Bergwelt des Hochsauerlandes. Auch Bruchhausen sahen wir noch einmal, weit, weit im Tal vor uns liegen.

Dann war es so weit, wir erreichten den höchsten Punkt des Rothaarsteigs und den von Nordrhein-Westfalen, den Langenberg (843m). Auf einem Plateau, das mit jungen Fichten bestückt war, stand das Gipfelkreuz. Um das Kreuz herum kleine Steintürmchen, die mich an den Camino Francés, den spanischen Jakobsweg erinnerten. Auch hier legten Pilger- und Wanderer Steine ab, als „Symbol des Loslassens" von den „Lasten des Lebens".

Gipfelkreuz Langenberg

Hier am Gipfelkreuz, trafen wir auch einige Wanderfreunde wieder, gemeinsam machten wir hier am Ort der Sinne Rast. Nach der ausgiebigen Pause ging es weiter über einen bewaldeten Kamm Richtung Hochheidelandschaft und Naturschutzgebiet Neuer Hagen. Nach einer guten Stunde, bergab und bergauf durch einige Wälder, erreichten wir die Hochheide Hütte Niedersfeld (805m), hier gibt es für hungrige und durstige Wanderer Leckeres zum Essen und zum Trinken. Wir bestellten uns eine kräftige und heiße Suppe, genau das Richtige für uns, denn die Temperaturen lagen gerade mal bei 12 Grad.

Nach der Stärkung ging es weiter durch eine wunderschöne Landschaft, hier auf dem „Neuen Hagen", am Nordhang des Clemensbergs, befindet sich die größte Hoch- und Bergheide Deutschlands. So weit das Auge reicht Heidekraut, Rentierflechten, Islandmoos, Bärlapp und andere wildwachsende Pflanzen, eine einzigartige Flora und Fauna, ein Geschenk der Natur. Der Rothaarsteig führt mitten hindurch, leider sahen wir keine Heidschnucken, dennoch fasziniert uns die offene Weite dieser traumhaften Heidelandschaft. Wir erreichten nach einer Weile den Clemensberg (839,2m), hier am „Clemenskreuz" am Südrand der Hochheide hatten wir wieder eine tolle Aussicht, wir blickten hinunter auf einen Diabassteinbruch (bei Hildfeld), ein vulkanisches Gestein der frühen Erdgeschichte (Mitteldevon-Zeit), das hier lange Zeit abgebaut wurde. Das harte Gestein des Diabas, auch Grünstein genannt, wird als Splitt und Schotter für den Straßenbau und auch für Grabsteine verwendet.

Weiter geht es durch den Naturpark und ein Hochmoorgebiet bis zur Quelle der Hoppecke, diese fließt nach 35 km bei Marsberg in die Diemel. Der Hillekopf (805m) ist das nächste Ziel, danach steuerten wir auf die Ortschaft Küstelberg zu, die wir in der Ferne ausmachen konnten. Nach 2 Kilometern hatten wir die Ortschaft erreicht. In Küstelberg kreuzten wir wieder die Heidenstraße, die oft parallel mit dem Rothaarsteig nach Winterberg führt.

Naturschutzgebiet Neuer Hagen

Blick auf Küstelberg

Im Mittelalter war Küstelberg noch ein Marienwallfahrtsort, denn bei der Bauerweiterung (1973) an der St. Laurentius-Kirche (1885) fand man Spuren einer Klosterkirche. Einige Funde sind in der Kirche ausgestellt, darunter eine Madonna (16. Jh.). Das Augustinerinnen Kloster der Chorfrauen aus Meschede verlegte 1299 wegen des schlechten Klimas das Kloster nach Glindfeld, heute ein Stadtteil von Medebach. Auch kreuzten sich hier früher wegen der strategisch günstigen Lage, ein Handel- und Heerweg sowie die erwähnte Heidenstraße, die von Leipzig kommend über Winterberg nach Köln führte. Auf dem Schlossberg (791m) stand früher zum Schutz der Händler und Kaufleute eine Wallburg, deren Wall man noch im Wald erkennen kann.

Es war schon spät geworden und wir beendeten unsere Tagesetappe hier. Gleich schräg gegenüber der St. Laurentius-Kirche legten wir noch im „Gasthof Lichte", direkt an der alten Heidenstraße, einen Zwischenstopp ein, ein paar Bierchen haben wir uns verdient. Gleich neben dem heutigen Gasthof befindet sich ein altes Fachwerkgebäude. Das Haus Padberg/Ewers aus dem Jahre 1666, der ehemalige Hofinhaber Adam Padberg (1749-1826), betrieb dort lange Zeit einen Rast- und Gasthof mit eigener Bierbrauer- und Branntweinbrennerei. Seine bekannten Tagebuchaufzeichnungen vermitteln noch heute Einblicke in das Leben in Küstelberg, in der Zeit der Wende des 18./19 Jahrhunderts.

St. Laurentius-Kirche, Küstelberg

Fachwerkhaus Padberg/Ewers

Damals war Küstelberg ein wichtiger Handelsknotenpunkt und kurkölnisches Grenzdorf. Der Küstelberger Pferdemarkt und der Laurentius-Markt waren lange Zeit sehr beliebt und bekannt.

Nach dem leckeren sauerländischen Biergebräu fanden wir am Sportplatz und hinter der Schützenhalle von Küstelberg einen geeigneten Platz zum Zelten. Der Wirt gab uns den Tipp und sagte: Jakobspilger sind uns in Küstelberg immer herzlich willkommen. – Danke Küstelberg. Die Nacht war kurz, gegen 7 Uhr machten wir uns wieder auf den Weg. Schnell noch einen Kaffee brauen und weiter geht's. Gleich neben der Schützenhalle ging auch der Wanderweg des Rothaarsteigs weiter.

Wir hatten wieder an Höhe gewonnen und eine Weile ging es durch einige Waldgebiete, bis wir an dem Steinbruch/Lagerplatz „Wagenschmier" ankamen. Ein historischer Standort, genau hier wurden die Pferdegespanne, die durch den morastigen Boden und dem Lockergestein, dass die Fuhrwerke und Karren im lehmigen Untergrund absinken ließ, wieder flott gemacht. Damals wie heute ein Kreuzpunkt alter Handelstraßen, der Heidenstraße (Jakobsweg) und des Hansewegs. Auch der Rothaarsteig führt heute an diesem historischen Standort vorbei. Von hier ging es nun wieder steil aufwärts durch einen Wald, bis wir die Höhe des „Hamm" erreicht hatten.

Steinbruch/Lagerplatz „Wagenschmier"

Ruhrquelle

Nach dem alten Grenzstein Elkeringhausen-Grönebach mit dem Stadtwappen von Winterberg gelangten wir nach wenigen Kilometern zur Ruhrquelle. Diese befindet sich am Nordosthang des Ruhrkopfs (695,7m). Hier entspringt also die Ruhr, wir sind sichtlich überrascht, aber nicht enttäuscht, denn schließlich steht die Ruhr für eine ganze Region, die des Ruhrgebiets. Ein wenig schauen wir zu, wie Tröpfchen für Tröpfchen das Wasser aus dem Boden kommt. Bis zum Rhein bei Duisburg-Ruhrort legt der werdende Fluss 219 Kilometer zurück. Für uns Ruhrpottler eine wichtige Station auf den Weg nach Winterberg.

Von hier führen uns die letzten Kilometer bis Winterberg wieder über die Höhen, dann durch ein Waldgebiet und etwas abwärts zum Jakobusbildstock am Dumel. Mehrmals kreuzten wir die Heidenstraße, hier am Bildstock mit schöner Jakobusfigur hatten wir eine tolle Aussicht auf Winterberg. Wir befinden uns noch auf der anderen Seite des Orketals, nach kurzer Zeit am Hang entlang und am Kurpark vorbei ging es nochmals bergab und wir erreichten Winterberg.

Der krönende Abschluss unserer 42 km langen Spurensuche auf dem Rothaarsteig war der Besuch der katholischen Pfarrkirche St. Jakobus in Winterberg. Schon seit dem frühen 13. Jahrhundert existierte eine Kirche in Winterberg, dessen Patron der hl. Apostel Jakobus der Ältere ist.

Stadtwappen von Winterberg

Blick auf Winterberg

Pfarrkirche St. Jakobus, Winterberg

Im unteren Teil des Kirchturms fanden Pilger früher eine Unterkunft. Das heutige Aussehen der Kirche entstand nach dem letzten Brand 1791-96. Dieses Mal hatten wir Glück, sie war geöffnet. Im Inneren der Kirche fanden wir gleich zwei Jakobusfiguren, eine am Hochaltar (Jakobusaltar) und die andere neben weiteren Aposteln an der Seitenwand der Kirche. Auch ein schönes Kirchenfenster zeigt den hl. Jakobus als Apostel.

Fazit meiner Spurensuche: Der Rothaarsteig, von Brilon bis nach Winterberg, ist einer der schönsten Wander- und Pilgerwege in Nordrhein-Westfalen. Nicht nur die unbeschreiblich schöne Natur lässt das Pilgerherz höher schlagen, sondern auch die kleinen Ortschaften am Weg und die freundlichen Menschen, denen man dort begegnet.

Kapitel 5

Die Heidenstraße I
Von Korbach bis nach Winterberg

Jakobus- und Pilgerspuren im Sauerland gibt es reichlich, so auch auf der mittelalterlichen Heidenstraße. Diese alte Heer- und Fernhandelsstraße verlief von Leipzig aus kommend weiter Richtung Westen bis nach Köln. Über Kassel und Korbach führte sie damals auch durch das Waldecker Land (Nordhessen) und das kurkölnische Sauerland (Westfalen). Von Korbach aus begann unser erster Abschnitt der Spurensuche, der uns im weiteren Verlauf der Spurensuche über Medebach nach Winterberg führte.

Jetzt, fast Mitte Juli, sollte das Wetter doch mitspielen, doch wir lagen falsch, immer wieder überraschten uns Regenschauer und die Temperaturen gingen nachts auf 8 Grad zurück. Doch das störte uns nicht, mein Pilgerfreund Volker, der das erste Mal auf eine Pilgerreise ging, war wie ich von der Faszination der Natur und der Bergwelt im Waldecker Land und im Hochsauerland begeistert. Mit der Bahn erreichten wir in ca. 3,5 Stunden Fahrzeit über Herne, Bochum, Schwerte und Brilon Wald die 1000-jährige nordhessische Kreisstadt Korbach. Die im Boden eingelassenen Goldtaler zeigten uns den Weg in die Altstadt.

Fußgängerzone - Neustadt Korbach

Altstadt Korbach

Goldstadt Korbach

Das idyllisch-historische Städtchen liegt im Landkreis Waldeck-Frankenberg in Nordhessen. Die Stadt im Waldecker Land blickt auf eine lange Geschichte zurück, nicht nur dass sie Hessens einzige Hansestadt war, sie war auch eine echte Goldgräberstadt. Denn seit dem Mittelalter wurde ganz in der Nähe im Südwesten, auf dem Eisenberg (562m), das begehrte Gold abgebaut. Ein richtiger Goldrausch fand dort statt, noch heute soll der bewaldete Berg Goldvorkommen besitzen. Ein Goldlehrpfad und ein Besucherbergwerk erinnern an die gute alte Zeit. Auch die alte Heidenstraße, eine mittelalterliche Fernhandelsstraße, führte über den Eisenberg und das am Westhang liegende Goldhausen.

Doch zunächst sollte man sich die historische Altstadt von Korbach anschauen. Mit ihren wunderschönen und reich mit Blumen verzierten Fachwerkhäusern präsentiert sich die Stadt von ihrer schönsten Seite. In der Altstadt spürt man einen Hauch des mittelalterlichen Flairs. Gleich zu Beginn unserer Spurensuche erreichten wir die dreischiffige Hallenkirche St. Nikolai. Die ehemalige Pfarrkirche der Neustadt steht an gleicher Stelle, wo sich einst die St. Nikolauskapelle (1359 bis 1450) befand. Auffällig die schiefe Turmhaube der Kirche, im Inneren befindet sich der schöne Marienaltar des Korbacher Franziskanermalers von 1518.

Nikolaikirche - Grabmal in St. Nikolai -
Altarraum mit Marienaltar

Ebenso schön das auffällig verzierte, aus Marmor, Alabaster und Sandstein gefertigte Grabdenkmal (barockes Grabepitaph), das für Georg Friedrich Fürst zu Waldeck gefertigt wurde.

Zentral in der Altstadt befindet sich die gotische Hallenkirche St. Kilian (1335/1450), mit ihrem auffälligen quadratischen Turm und seiner barocken Haube gilt die Kirche als Wahrzeichen von Korbach. Auch sie steht wie schon die St. Nikolaikirche auf den Fundamenten einer romanischen Vorgängerkirche. Geweiht ist die Kirche dem hl. Kilian, einem irischen Missionar, der um 689 in Würzburg den Märtyrertod starb. Im Inneren der Kirche strahlt ein ebenfalls von dem Korbacher Franziskanermaler geschaffener Kreuzigungsaltar aus dem Jahre 1527. Das Südportal (Tympanon) der Kirche ist reich mit Steinfiguren und Reliefs geschmückt, ob sich darunter auch der hl. Jakobus oder eine Pilgerdarstellung befindet, kann man nicht genau sagen.

Ganz in der Nähe der Kilianskirche befindet sich das schöne Rathaus mit einem steinernen Roland, ein Hinweis auf die alte Hansestadt. Auch einige gotische Lagerhäuser sind erhalten geblieben, sie sind Zeugnisse vom regen Handel, der hier einst stattfand und der sogar bis nach Russland führte. Sehenswert auch der gut erhaltene doppelte Stadtmauerring und der Tylenturm, ein großer Wehrturm mit Wehrgang, der zur inneren Stadtmauer gehörte.

St. Kilian-Kirche

Passionsaltar

Rathaus Korbach

Auch ein altes Stadttor, das „Enser Tor", wurde neu rekonstruiert, es ist eines von ehemals fünf Stadttoren. Man sollte sich schon etwas Zeit nehmen, um die Altstadt und Neustadt mit ihren vielen historischen Sehenswürdigkeiten zu erkunden. Hilfreich ist das Bürger-Büro (Touristik-Information), es befindet sich im Rathaus, hier bekommt man ausreichend Karten- und Informationsmaterial.

Marktplatz Korbach mit Brunnen

Das alte Korbach (Corbach), einst Curbechi, wurde im Jahre 980 das erste Mal urkundlich erwähnt. Einst stand hier ein karolingischer Reichshof (Königshof). Korbachs Position an der Grenze zu Westfalen/Hessen und am Kreuzpunkt zweier alter Handelsstraßen, die von Bremen nach Frankfurt (Nord nach Süd) und der Heidenstraße Leipzig-Köln (Osten nach Westen) führten, machte die Stadt immer bedeutender.

Im Jahre 1188 erhielt Korbach die Soester Stadtrechte und Marktrechte, der Handel boomte bis ins 15. Jahrhundert hinein. Für Kaufleute, Händler uns Siedler wurde es zu eng in der Altstadt und man erweiterte sich mit der Neustadt. An deren Grenze wurde 1377 das Rathaus erbaut, Teile des Mauerwerks und der Treppengiebel mit dem Relief des Stadtwappens sind bis heute erhalten geblieben.

Enser Tor – Altes Stadttor

Eisenberg und Goldhausen

Wie schon erwähnt verläuft die Heidenstraße über den Eisenberg, hier lagerte früher die größte Goldlagerstätte Deutschlands.

Volker im Pilger-Feeling...

Eisenberg (Goldberg)

Spuren dieser „goldigen Zeiten" des Goldrausches findet man bis heute. Wir machten uns auf den Weg und verließen die sehenswürdige Stadt Korbach über die Medebacher Landstraße Richtung Lengefeld. Schnell hatten wir den historischen Stadtkern verlassen und es ging auf einem landschaftlich schönen Feldweg neben der Landstraße weiter. Leicht hügelig ging es nun an saftigen grünen Maisfeldern vorbei, ein schöner Weg, der uns immer näher nach Lengefeld und am Eisenberg heran führte.

Das kleine Dorf Lengefeld (390m) liegt am Ostausläufer des Sauerländischen Gebirges (Rheinisches Schiefergebirge) und gehört zur Gemeinde Korbach. Von hier geht es nun hinauf auf den Eisenberg. Wir folgen den Spuren der Goldsucher, Eisen- und Kupfergräber, die einst hier schürften. Auch die Heidenstraße verläuft über den berühmten Goldberg.

Alte Hohlwege führen uns immer höher hinauf. Es ist eng und glitschig, der Waldboden ist weich und morastig. Durch den regenreichen Juni und Juli sieht der Hohlweg wie ein Bachlauf aus, wir kämpften uns durch meterhohe Farne hindurch. Ein Naturpfad führte uns mitten durch die grandiose Berglandschaft des dicht bewaldeten Eisenbergs hinauf. Immer wieder fantastische Aussichten durch die Wälder auf das Umland von Korbach. Dann schließlich hatten wir das Plateau des Gipfels auf einer Höhe von 562m erreicht.

Hohlweg (Eisenberg)

Goldpfad - Hohlweg

Mitten auf der freien Wiesenfläche steht der Georg-Viktor-Turm, direkt daneben befindet sich die Burgruine Eisenberg. Der Aussichtturm, der den Namen zu Ehren des Fürsten Georg Viktor zu Waldeck und Pyrmont trägt, wurde am 3. Juni 1905 eingeweiht und misst eine Höhe von 22,5 Meter. Treppen führen uns hinauf zur Plattform, mit grandiosem Rundblick belohnt, blickten wir auf das fantastische Umland mit seinen bewaldeten Hügeln. Die Sicht reicht bis zu den Kasseler Bergen, dem Taunus und natürlich den Bergen des Sauerlandes.

Auch die Burgruine Eisenberg mit ihren alten Grundmauern, Wall und Graben, früher eine wehrhafte Höhenburg, ist für uns eine besondere Sehenswürdigkeit. Sie wurde im 13. Jahrhundert erbaut und war lange Zeit im Besitz der Grafen von Waldeck. Im 16. Jahrhundert wurde die Burg Eisenberg zum Schloss umgebaut und 100 Jahre später von landgräflich-hessischen Truppen zerstört.

Nach einer umfangreichen Besichtigung der Burgruine und des Aussichtsturms ging es für uns weiter. Wir folgten einem Wanderpfad, der uns bergab in das nur 2 km entfernte Goldhausen führte. Das kleine Dorf, am westlichen Hang des Eisenbergs gelegen, liegt auf 490m Höhe. Natürlich ist das Dörfchen Goldhausen eng mit der Geschichte des Eisenbergs verbunden und man kann sich von hier auf die Spuren der Goldgräber machen.

Georg-Viktor-Aussichtsturm, Eisenberg

Burgruine Eisenberg

Wir allerdings setzen unsere Spurensuche auf der Heidenstraße fort. Die Heidenstraße ist eine alte Fernhandelsstraße die seit dem Mittelalter von Kaufleuten, Händlern und Pilger genutzt wurde. Sie verbindet in ihrem ostwestlichen Verlauf die Städte Leipzig, Kassel und Köln miteinander. Auch Jakobspilger nutzen auf ihrer Wallfahrt nach Santiago de Compostela die Heidenstraße. Jakobäische Spuren im Sauerland, zu Ehren des Apostels Jakobus des Älteren („Jacobus Mayor"), findet man unter anderem in Winterberg, Elspe und Attendorn. In Goldhausen hatten wir nun die Qual der Wahl, folgen wir nun einem Verlauf der Heidenstraße über Oberschledorn zum Schlossberg nach Küstelberg und Winterberg. Oder nehmen wir doch lieber eine andere Variante der Heidenstraße, die über Eppe, Hillershausen, Medebach, Glindfeld nach Winterberg führt.

Von Medebach bis nach Winterberg

Wir wollten das schöne Medebach nicht einfach auslassen, denn hier konnten wir auch unseren Proviant auffüllen. Übernachtungsmöglichkeiten gibt es hier auch. Doch darüber mussten wir uns keine Gedanken machen, wir hatten ja ein Zelt dabei. Als wir das Dörfchen Goldhausen verlassen hatten, ging es über die Felder weiter Richtung Eppe. Plötzlich zog ein heftiges Unwetter auf, in der Ferne sahen wir schon die schwarzen Gewitterwolken, die direkt auf uns zusteuerten.

Eine Gewitterfront kommt auf...

Zelten in einer Scheune

Etwa auf gleicher Höhe sahen wir auch eine alte Scheune, die, wenn sie nicht verschlossen ist, uns sicherlich Schutz bieten konnte. Wir hatten Glück, im letzten Augenblick erreichten wir die Scheune, die großen Türen standen sperrangelweit auf und wir konnten trockenen Fußes die rettende Scheune betreten. Es blitze und donnerte und regnete in Strömen und wir hofften, dass kein Blitz einschlagen würde, denn sie war bis unters Dach voll mit Strohballen gefüllt.

Doch so schnell wie das Unwetter kam, war es auch schon wieder verschwunden. Wir beschlossen in der Holzscheune zu übernachten, wir hatten zwar erst 19 Uhr, doch waren wir auch ein wenig müde. Die umfangreiche Besichtigung in Korbach und der steile Aufstieg auf den Eisenberg hatten uns zu dieser Entscheidung kommen lassen. Und wir taten das Richtige, richtig nostalgisch war das, mitten in der Scheune bauten wir unser Zeltlager auf. Den ganzen Abend und die Nacht hatte es noch geregnet und wir saßen auf Stroh gebettet im Trocknen.

Am nächsten Morgen klarte es langsam wieder auf, die Nebelschwaden, die sich nach dem langen Regen über die Felder und Wälder legten, zogen langsam wieder ab. Nun ging es hinunter ins Aartal und wir erreichten nach ein paar Kilometern das beschauliche Dörfchen Eppe. Auch Eppe liegt an der Heidenstraße, ein Gedenkstein mit Gedenktafel erinnert an den alten Heer- und Handelsweg.

Richtung Eppe

Blick auf Eppe

Die über 1000-jährige Fernhandelsstraße war einst über 500 km lang, es war ein beschwerlicher Weg, der alles abverlangte. Auch Könige und Kaiser nutzten den Verlauf der Heidenstraße, wie z.b. Kaiser Otto III. (1000) und Karl IV. (1349). In der grenznahen Region zu Hessen und Westfalen waren nicht nur die vielen Berge hinderlich, sondern auch die Gebietsstreitigkeiten beider Seiten. Im 30-jährigen Krieg (1618-1648) und im 7-jährigen Krieg (1756-1763) nutzten auch Söldner und Soldaten den Weg, sie plünderten und brandschatzten. So manche Dörfer und Städte, die am Weg lagen, wurden zerstört und hatten wie auch die Bauern das Nachsehen.

Für Pilger waren wohl die kriegerischen Zeiten, wie auch die Zeit der Reformation (1517-1648), die schwierigste Herausforderung. Sie waren der Willkür der Glaubensgemeinschaften ausgesetzt, ob katholisch oder evangelisch, die Spaltung der Kirche durch Martin Luther brachte für beide Religionsgemeinschaften erstmal nur Rückschläge und Probleme mit sich. Erst im Zeitalter der „Aufklärung" und nach der Säkularisierung im 19./20. Jahrhundert, wurde es wieder friedlicher.

Was bedeutet eigentlich der Name Heidenstraße? Die meisten Wissenschaftler und die sich mit dem Thema „Heidenstraße" beschäftigt haben sind sich sicher, dass es sich ursprünglich um einen alten Missionsweg handelt.

Gedenkstein mit Gedenktafel in Eppe

Gemütliche Rast - Café Tannenhof

Im frühen Mittelalter und in der Zeit des Frankenkönigs Karls des Großen um 777 wurden im Kölnischen Westfalen (Herzogtum Westfalen) oder auch Kurköln, wozu auch der größte Teil des Sauerlands zählte, vom Erzbistum Köln ausgehend Missionare gesendet, die das Sauerland, das von heidnischen Sachsen besiedelt war, christianisierten. Zwei der bekanntesten Missionare in der damaligen Zeit und die in Germanien missionierten waren z.B. der heilige Willibrord von Echternach und der heilige Bonifatius (672-754/55), auch Wynfreth und zu deutsch Winfried genannt, er gilt als Apostel der Deutschen und stammte aus der Grafschaft Devon in Südwestengland. Auch der heilige Liudger (Ludgerus) war ein bekannter Missionar, er stammte aus der niederländischen Gemeinde Utrecht. Alle drei bekehrten auf ihren langen Missionstätigkeiten die Friesen und die Sachsen.

Unsere Spurensuche führte uns nun von Eppe aus weiter durchs Aartal, dann ging es steil hinauf auf den Steinberg (470m), eine schöne Strecke mit toller Aussicht auf das Waldecker Land. Oben angekommen erreichten wir den Tannenhof, eine Reit- und Ferienanlage, direkt daneben das Waldcafé Tannenhof, hier legten wir eine ausgiebige Rast ein. Das idyllisch gelegene Café mitten im Wald ist sehr gemütlich-rustikal eingerichtet und mit einem wunderschönen Kräutergarten versehen. Bei Kaffee und Kuchen oder auch einem Bierchen genießt man eine besondere Landhausatmosphäre.

Jakobsmuschel im Café Tannenhof

Inhaberin: Frau Huberta Wilke am Klavier

Nach der kleinen Stärkung ging es über einen Feldweg hinunter nach Hillershausen. Wir durchquerten die Ortschaft und erreichten auf einer Höhe nach Medebach einen Grenzstein, der die alte Landesgrenze zwischen Waldeck (Hessen) und dem Kurfürstentum Köln (Westfalen) kennzeichnet.

Nun befinden wir uns in Nordrhein-Westfalen, wir überqueren eine Landstraße und laufen schnurstracks auf Medebach zu. Ein traumhafter Pfad brachte uns über eine offene, saftig grüne Landschaft mit Wiesen und Feldern hinunter in die Medebacher Bucht. In der Ferne sahen wir die grandiose Berg-Silhouette des Hochsauerlandes.

Das schöne Städtchen Medebach in der gleichnamigen Bucht nennt man auch „Toskana des Sauerlandes". Es liegt zu Füßen der 800 m hohen Berge des Rothaargebirges und ist durch seine offene Landschaft mit sanften Hügeln eine Perle im Naturpark Rothaargebirge. Auch Medebach hat in seiner fast 870-jährigen Geschichte viel erlebt. Anfangs noch als ländliche Siedlung wurde der Ort im Jahre 1144 vom Kölner Erzbischof Arnold von Wied, erstmals urkundlich erwähnt. Im Mittelalter hatte Medebach auch Marktrechte und gehörte der Hanse an. Durch die Nähe zweier wichtiger Handelstraßen, der Heidenstraße (Leipzig-Köln) und der Weinstraße (Bremen-Soest-Frankfurt), wurde ihnen vom Erzbischof Rainald von Dassel die Soester Stadtrecht verliehen.

Alter Grenzstein, Hillershausen

Richtung Medebach

Doch wurde durch Gebietsstreitigkeiten im Sächsischen Krieg (1177-1181) mit dem Kölner Erzbischof Philipp von Heinsberg und dem Sachsenherzog Heinrich dem Löwen dem Fernhandel ein jähes Ende gesetzt. Die Folgen des Streits: die völlige Zerstörung der Stadt im Jahre 1179, durch Bernhard II. zur Lippe und seinem Vetter Widukind von Rheda, beide Gefolgsmänner Heinrichs des Löwen.

Doch die Medebacher bauten ihre Stadt wieder auf und befestigten sie. Im Jahre 1177 wurde das Augustinerinnen-Kloster in Küstelberg gegründet und erwarb durch den Erzbischof Engelbert von Köln das Patronatsrecht über die Medebacher Pfarrkirche.

Im Jahr 1298 verlegte man das Kloster Küstelberg nach Glindfeld, heute ein Stadtteil von Medebach. Die nahe Grenze zur Grafschaft Waldeck brachte immer wieder Veränderungen mit sich, Truppen von Söldnern und Soldaten zogen durch das Land.

Immer wieder Auseinandersetzungen, die Soester Fehde (1444-1449), der 30-jährige Krieg (1618-1648) und der 7-jährige Krieg (1756-1763) brachten weitere Verwüstungen der Stadt mit sich. Aber auch die Pest mit über 300 Opfern machte im Jahr 1636 vor der Stadt keinen Halt und schwächte den Ort sehr. Auch ein Stadtbrand von 1844 verwüstete 117 Häuser der Stadt.

Blick auf Medebach

Pfarrkirche St. Peter und Paul, Medebach

Heute ist die Stadt Medebach durch das nahe Hochsauerland und das angrenzende Waldecker Land eine touristische Bereicherung. Sommer wie Winter findet man in den Naturparks, Seen und den Bergen viele Freizeitangebote. Natürlich auch das Wandern und Pilgern, hier findet man noch einsame Pfade, wie z. B. die der Heidenstraße oder den Jakobsweg, die einen durch eine fantastische und atemberaubende Landschaft führen.

Wir machten uns, nachdem wir die charmante Ortschaft mit ihrer Pfarrkirche St. Peter und Paul und der Andreaskapelle besichtigt hatten, weiter auf den Weg. Durch ihre gravierende geschichtliche Vergangenheit ist leider aus der Zeit des Mittelalters nichts übrig geblieben, zu groß waren die Verwüstungen. Dennoch lohnt sich ein Besuch der Stadt, Medebach ist eine lebendig-gemütliche Stadt mit alten Traditionen und einer wunderbaren Umgebung. Wir verlassen die Stadt auf dem Glindfelder Weg, dieser brachte uns nach wenigen Kilometern, vorbei an Feldern zum ehemaligen Kloster.

Das Augustinerinnen-Kloster zu Glindfeld wurde 1298 erbaut und 1499 in ein Kreuzherrenstift umgewandelt. Die Zeiten der Reformation und Gegenreformation (1517-1648) brachten auch in Medebach Veränderungen mit sich. In der grenznahen Region zwischen dem protestantischen Waldeck und dem katholischen Kurköln kämpfte man um die geistliche Herrschaft.

Ehemaliges Kloster Glindfeld

St. Laurentius-Kapelle, Glindfeld

In der Zeit der Säkularisation, der Aufhebung kirchlicher Besitzungen und deren Verstaatlichung wurde auch das Kloster 1804 aufgelöst. Heute befindet sich die Klosteranlage im Privatbesitz.

Durch das Orketal nach Winterberg

Von der St. Laurentius-Kapelle Glindfeld aus nahmen wir den Waldwanderweg (Markierung: Raute), dieser führt uns bergauf durch den Glindfelder Wald. Ein natürliches Waldreservat mit Buchen, Erlen- und Eschenbeständen. Ein beschwerlicher Weg, der uns immer höher Richtung „Alte Grimme" führt, ein bewaldeter Berg mit Fichten und Buchen auf 750m Höhe.

Hier wurde früher nach Erz gesucht, der Name „Zeche Elend" verrät uns: mit wenig Erfolg. Etwas später erreichten wir das schöne Orketal, hier geht es auf einem Radwanderweg weiter. Am Bachlauf der Orke erreichten wir die Kirchenruine der Wüstung Wernsdorf und kurz danach die Ehrenscheider Mühle.

Von der Ehrenscheider Mühle aus gibt es mehrere Möglichkeiten um nach Winterberg zu kommen, wir nahmen den steilen Aufstieg auf einem kleinen Waldpfad. Es ist schon sehr spät geworden und der folgende Anstieg nach Winterberg verlangte uns alles ab. Etwa auf einer Höhe von 600m hatten wir den größten Teil geschafft.

Waldreservat Glindfeld

Durch das Orketal

Durch den dunklen Wald sahen wir schon die ersten Häuser von Winterberg, es konnte also nicht mehr weit sein. Doch wir irrten uns, es ging noch weiter bergauf, bis wir schließlich den endlosen Wald verlassen hatten. Vor uns lag eine offene Weide mit einem Wegkreuz, etwas unterhab des Kreuzes bauten wir unser Zelt auf und übernachteten dort. Es fing wieder an zu regnen und die Temperaturen waren auch nicht angenehm, etwa 8 Grad. Da konnte nur noch die Flasche Rotwein helfen, die wir von Medebach mitgeschleppt haben.

Nach dem obligatorischen Schlummertrunk ging es ab ins Zelt. Die ganze Nacht schüttete es wie aus Eimern, um 6 Uhr in der Früh machten wir uns wieder auf den Weg. Nur noch 2 Kilometer und wir haben es geschafft. Ein Weg führte uns wieder durch den Wald, doch Gott sei Dank, haben wir die Höhe erreicht und hatten keinen Anstieg mehr zu bewältigen. Nach kurzer Zeit hatten wir die Kernstadt Winterberg erreicht. Bei Dauerregen und kühlen Temperaturen kam uns nur eins in den Sinn, Kaffee trinken und aufwärmen. Mit Blick auf die Pfarrkirche St. Jakobus hatten wir im Zentrum ein Café gefunden. Nach einem großen Frühstück besuchten wir noch die Jakobuskirche, doch um 7 Uhr morgens war sie noch geschlossen. Doch beim nächsten Besuch, wenn wir unseren Weg auf der Heidenstraße fortsetzen, wird sie sicherlich geöffnet sein.

St.-Jakobus-Pfarrkirche zu Winterberg

Fazit unserer Spurensuche ist, dass sich die 2 Tage auf den Spuren der „Heidenstraße" gelohnt haben. Wir, Volker und ich, sind begeistert von der wunderbaren Natur und der faszinierenden Landschaft und setzen unsere Reise auf der alten Heer- und Handelsstraße fort.

Kapitel 6

Marsberg und das Heiligtum der Sachsen

Von Essentho bis nach Obermarsberg

Der goldene Oktober zeigte sich in Marsberg im nordöstlichen Teil des Sauerlands von seiner schönsten Seite. Die ehrwürdige Stadt, an der Diemel gelegen, bietet mit der Besichtigung von Nieder- und Obermarsberg, am und auf dem sagenumwobenen Eresberg, einen fantastischen und geschichtsträchtigen Tagesausflug.

Vom Ausgangspunkt des Bahnhofs Marsberg (249m) begann unsere letzte Spurensuche für Oktober. Bei herbstlicher Stimmung mit blauem Himmel und Sonnenschein war es ideal, um auch die Gegend an der Diemel ein wenig zu erkunden. Hoch oben auf dem Eresberg, über Niedermarsberg, thront die Stiftskirche von Obermarsberg. Die beiden ehemals selbstständigen Ortschaften Nieder- und Obermarsberg sind seit 1975 als Stadt Marsberg vereint. Das Städtchen liegt im nordöstlichen Teil des Sauerlandes, nahe der hessischen Grenze, idyllisch im Tal der Diemel. Oberhalb des Flusses, auf dem bekannten Eresberg, liegt der Ortsteil Obermarsberg, hier befand sich auch einst das Heiligtum der Sachsen.

Der hl. Sturmius bekehrt die heidnischen Sachsen

Karl der Große begann von hier seine großen Feldzüge gegen die heidnischen Sachsen. Der heilige Sturmius begleitete ihn, er war ein Schüler des hl. Bonifatius und missionierte lange Zeit in Hessen.

In seinen letzten Jahren missionierte er von Obermarsberg aus bis an die Weser, man nannte ihn den Apostel des Diemelgaus. Niedermarsberg, das zu seinen Anfangszeiten noch Horhusen hieß, lag damals am Kreuzpunkt zweier mittelalterlicher Altstraßen. Die Königsstraße „Via Regia", auch „Frankfurter Weg" genannt, führte in der Zeit des Handels von Bremen kommend über Paderborn bis nach Frankfurt am Main.

Eine weitere Handelsstraße, der Römerweg, führte von Köln kommend über Olpe, Brilon und Warburg zur Weser.

Auch heute noch berühren Pilgerwege (Jakobswege) und Fernwanderwege die alten Heer- und Handelsstraßen und verlaufen auch teilweise auf ihnen. Wie zum Beispiel das Bergdorf Essentho, es gehört heute zur Stadt Marsberg. Hier verlaufen der Eggeweg, die Hermannshöhen und der Diemel-Lippe-Weg gemeinsam bis nach Niedermarsberg auf der Via Regia. Der Eggeweg ist 70 km lang und verbindet den Teutoburger Wald mit dem Sauerland. Er führt von den Externsteinen über das Eggegebirge bis ins Diemeltal nach Niedermarsberg.

Bevor wir uns zur Stadtbesichtigung aufmachten, hatten wir Lust, ein Stück auf der Via Regia zu wandern. Das Bergdorf Essentho ist vom Bahnhof aus nur ca. 4 Kilometer entfernt. Der Weg dorthin war zunächst einfach und flach, statt in Richtung St.-Magnus-Kirche zu gehen, ging es über die Diemelbrücke. Im Mittelalter gab es hier eine Furt, die über den Fluss führte. Der schön gestaltete Uferweg führte uns ein kurzes Stück flussabwärts. Dann ging es bergauf, wir überquerten die Bundesstraße (B7), folgten ihr bis zur Landstraße (L549) und erreichten den schmalen Waldpfad der genannten Wanderwege. Nun ging es mäßig steil bergauf, auf die waldreichen Höhen nach Essentho.

Herbststimmung in den Wäldern

Via Regia

Jetzt im Herbst eine besonders schöne Tour. Wir atmeten die frische Luft des Waldes ein und die goldgelben Blätter rieselten im Sonnenschein seicht zu Boden. Hin und wieder legten wir eine kurze Rast ein und genossen, bei einigen Lücken durch die Wälder, die Aussicht auf Obermarsberg und die Umgebung.

Nach ca. 3 km hatten wir die Höhe erreicht. Wir überquerten die Landstraße und erreichten am Dorfanfang den Kapellenweg. Hier steht die St. Antoniuskapelle von Essentho, Kirchen- und Schutzpatron des Dorfes ist der hl. Antonius von Padua. Die Kapelle wurde am Neujahrstag 1945 durch ein Gelübde der Dorfgemeinschaft neu aufgebaut. Die alte Kapelle von 1868 hatte zwar Zerstörungen wie Brand und Kriege überstanden, doch war sie im Laufe der Zeit auch baufällig geworden.

Etwas weiter erreichten wir mit der kath. Pfarrkirche St. Antonius von Padua, die Ortsmitte von Essentho. Schon früh siedelten sich hier auf einem Bergrücken nahe Obermarsberg Menschen an. Aus alten Urkunden und Überlieferungen leitete sich der Name der heutigen Ortschaft Essentho und der alten Ansiedlung aus Osneti, Esente und Esnethe ab. Im 13. Jahrhundert lebten hier das Rittergeschlecht de Esente, sie waren der Abtei Corvey unterstellt, die die Güter und Ländereien verwaltete.

Antoniuskapelle, Essentho

Bergdorf Essentho

Pfarrkirche St. Antonius von Padua

Chorraum der St.-Antonius-Kirche

Die alte Via Regia, der Königsweg, führt von hier aus weiter nach Haaren und in Richtung Paderborn. Früher zogen hier im Schutz der Landesherren nicht nur Kaufleute, Händler und Handwerker, auch Pilger nutzten den sicheren Weg. Wir verlassen das beschauliche Dörfchen, doch vorher besuchten wir noch die Kirche. Die im Jahre 1847/48 erbaute Kirche ist aus Bruchstein gebaut und hat in ihrem Inneren einige schöne Heiligenfiguren und einen Taufstein aus dem 16. Jahrhundert.

Es war ein schöner Abstecher auf der „Via Regia" und ins Umland von Marsberg, der sich alleine wegen seiner bezaubernden Natur für uns gelohnt hatte. Auf gleichem Wege ging es wieder zurück, dieses Mal bergab, Niedermarsberg hatten wir schnell erreicht.

In der Fußgängerzone gleich neben der St.-Magnus-Kirche angekommen, legten wir in einem schönen Café eine erholsame Kaffeepause ein. Ein wenig beobachteten wir das bunte Treiben des jährlichen traditionellen Allerheiligen-Markts in Marsberg, der dieses Jahr vom 18. bis 21. Oktober stattfand. Gestärkt führte unser Tagesausflug an einigen Kirmesbuden vorbei bis zur Kirche, die leider verschlossen war. Wir verlassen den Trubel der Kirmes und gehen hinauf auf den Eresberg, hier oben befindet sich der ehrwürdige Stadtteil Obermarsberg.

Niedermarsberg und St.-Magnus-Kirche

Antoniuskapelle am Bülberg

Wie alle Städte im Sauerland, die nah an der Grenze zu Hessen liegen, ist der Verlauf der Geschichte von ähnlicher Natur. Die Gebietstreitigkeiten, Kriege, Kirchenreformen und die Zeiten der hessischen Übergriffe aus dem Waldecker Land brachten für die damalige Bevölkerung viel Not, Hunger und Elend mit sich. Bedeutend war die Geschichte des Diemeltals und seines historischen Erbes der Eresburg. Hier begann sozusagen die Christianisierung des Sachsenlandes, die durch den Frankenkönig Karl I. (Karl der Große) ihren Ursprung hatte. Seitdem wurde die sagenumwobene Burg von Sachsenfürsten, Kaisern, Königen, Papst und Missionaren bewohnt und besucht.

Wir machten uns auf, um den historischen Berg und sein Ortschaft zu besuchen. Zunächst ging es gemächlich neben der Straße bergauf, bis wir die Antoniuskapelle mit Bildstock am Bülberg erreicht hatten. Dann ging es steil aufwärts über einen Pfad durch den Buchenwald, kurze Zeit später erreichten wir die Drakenhöhlen und den Buttenturm. Viele Sagen und Legenden ranken sich um den Eresberg und sein Höhlenlabyrinth. Eine Sage erzählt die Geschichte von Siegfried von Xanten (Sigurd), wie er den Drachen Fafnir bezwingt und so den sagenhaften Schatz der Nibelungen entdeckt. Dies soll sich nach einem Bericht des isländischen Abtes Nikulás Bergsson (1155-1159) nahe Obermarsberg in der Drakenhöhle (Eresberg) zugetragen haben.

Waldpfad Richtung Obermarsberg

Blick auf Niedermarsberg und den Bilstein

In seinem Pilgerbericht um 1150 beschreibt er seine Reise von Island über Deutschland nach Rom und Jerusalem. Er erwähnt eine Ortschaft zwischen Paderborn und Mainz, die „Hor(h)us" heißt, vermutlich Horhusen? - das heutige Marsberg. Hier soll sich auch die „Gnitaheide" befunden haben, der Schauplatz der Siegfriedsage, da wo Siegfried den Drachen Fafnir getötet haben soll. Das lässt sich heute natürlich nicht mehr beweisen und so beanspruchen auch andere Gemeinden in Deutschland, ein Ort der Siegfriedsage zu sein.

Hier am Nordhang des Berges hatten wir eine fantastische Aussicht auf Niedermarsberg und das landschaftlich reizvolle Diemeltal sowie auf den gegenüberliegenden Berg Bilstein mit Aussichtsturm (387m). Der Buttenturm war einst ein Beobachtungsturm, aus schweren Bruchsteinmauern gebaut, und einer von 7 ehemaligen Festungstürmen gewesen.

Im tiefen Untergeschoss des Gewölbekellers befand sich das Verlies, das als Gefängnis genutzt wurde. Der Turm, der heute nur noch halb so groß ist wie ursprünglich, wird als Aussichtturm genutzt. Noch ein paar Meter geht es aufwärts, an den alten Gemäuern der Stadtmauer und an einem Eselstall vorbei, bis wir die Höhe und das Plateau des Eresbergs mit der thronenden Stiftskirche St. Petrus und Paulus erreicht hatten.

Buttenturm (Eresberg)

Alte Stadtmauer (Obermarsberg)

Hier stand zur Zeit der Altsachsen die mächtige Eresburg, eine Wallburg (Fliehburg) an der südöstlichen Grenze des alten Germaniens und dem Frankenreich. Auch das Hauptheiligtum der Sachsen, die Irminsul, ein säulenartiger Baumstamm, die Irminsäule, soll hier gestanden haben. So heißt es aus den Überlieferungen, dass der Frankenkönig Karl der Große um das Jahr 772, der Beginn der Sachsenkriege, die Eresburg mehrfach angegriffen hatte, um den germanischen Volksstamm zu unterwerfen und zum Christentum zu bekehren.

Dabei war er nicht zimperlich gewesen, er zerstörte kurzer Hand das Allerheiligste der Sachsen und versetzte ihnen dadurch einen schweren Schlag. Bis auf den Sachsenfürsten Widukind (Wittekind) und seine Gefolgsmannen, der noch einige Jahre zum Ärgernis des König Karls, Widerstand leistete. Die Sachsenburg auf dem Eresberg wurde immer wieder von den Sachsen zurückerobert und erneut von den Franken eingenommen, bis sie schließlich, nach der Unterwerfung der Sachsen auf dem Sintfelde, in den Händen der Franken blieb.

Danach begann um 779 auch der Abt Sturmius, der Gründer des Klosters Fulda und ein Schüler des Bonifatius, seine Missionstätigkeit im Diemelgau. Die erste Kirche und das Kloster (Benediktinerkloster) ließ Karl der Große 799 oder bereits schon 785, nach der sagenhafte Taufe des Widukinds in Attigny (Frankreich), auf dem Eresberg errichten.

Stiftskirche auf dem Eresberg

Stiftskirche St. Peter und Paul (Obermarsberg)

Im Jahre 938 war die Kirche Schauplatz eines dramatischen Ereignisses gewesen. Erbstreitigkeiten zwischen König Otto I. und seinem Halbbruder Thankmar, endeten mit einem Mord. Thankmar, Sohn des deutschen Königs Heinrich I., suchte nach einer Belagerung der Eresburg, Schutz in der Kirche und wurde am Altar durch einen feindlichen Speer tödlich verwundet. Die heutige Form der Kirche stammt aus dem 13. Jahrhundert.

Die romanische Stiftskirche steht an der Stelle, wo einst die Irminsul gestanden haben soll, am höchsten Punkt des Eresberg auf 410 m Höhe. Vor der Kirche am Eingangsbereich des Friedhofs und zur Kirche, steht der Benediktusbogen, ein Teil des ehemaligen Klosterbezirks. Über dem Torbogen und unterhalb des Muschelzeichens befindet sich ein Relief des Gründers des Benediktinerordens, des hl. Benedikt von Nursia. Durch den Torbogen hindurch steht eine Rolandstatue (17. Jh.), eine verwitterte Figur aus Kalkstein, die höchstwahrscheinlich mit den Insignien Mantel, Schwert und Kirchenmodell nicht einen Roland darstellt, sondern eher Karl den Großen. Vor uns stehen nun der imposante Westturm der Hallenkirche und das Eingangsportal, wir hatten Glück, die Kirche war geöffnet und wir konnten sie besichtigen. Das Innere der Kirche, das Mittelschiff mit Hauptaltar und Kanzel sowie die Kirchenbänke sind reich verziert mit prächtigen barocken Schnitzereien.

Mittelschiff, Chorraum und Hauptaltar

Kanzel der Stiftskirche

Auch die Seitenaltäre, die Orgel und der Beichtstuhl strahlen im Glanz des Barocks. Oberhalb des Beichtstuhls befindet sich das Wappen der Pröpste Ferdinand und Justin von Metternich. Im Wappen befinden sich drei Jakobsmuscheln, die auf eine Jakobusverehrung hindeuten. Im Dreißigjährigen Krieg wurde die Stiftskirche fast völlig zerstört, ab 1669 begann durch den Propst Ferdinand von Metternich der Wiederaufbau.

Ausgestattet wurde die Kirche aus der Werkstadt der Bildhauer Heinrich und Christophel Papen, beide waren die bedeutendsten Bildhauer des Barocks in Westfalen. Man muss sich wirklich Zeit nehmen um die vielen Kunstwerke in der Kirche zu betrachten. Die wunderschönen Säulen und Kapitelle an den Chorpfeilern, alles ist reich verziert.

Die schönen Glasmalereien der Kirchenfenster zeigen unter anderem den hl. Sturmius, Heinrich von Marsberg, die hl. Elisabeth und die hl. Gertrud. Wir sind überwältigt von der Schönheit dieser Kirche.

Nach der Besichtigung der Stiftskirche geht es weiter durch die Ortschaft Obermarsberg. Wir kommen am ehemaligen Rathaus mit Schandpfahl vorbei und besuchten noch die Nikolai-Kirche. Die gotische dreischiffige Hallenkirche wurde im frühen 13. Jahrhundert erbaut.

Wappen mit Jakobusmuscheln

Hl. Sturmius - Heinrich von Marsberg

Im Innern der Kirche, die gegenüber der Stiftskirche sehr schlicht gehalten wurde, befinden sich im Altarraum zwei schöne Kirchenfenster, eines zeigt die Szene von der Bekehrung und Taufe des Sachsenherzogs Widukind. Auch einige schöne Heiligenfiguren befinden sich in der Kirche. Unsere Besichtigung in Obermarsberg und auf dem Eresberg neigt sich dem Ende zu, wir haben viel gesehen und sind mit den Eindrücken, die wir bekommen haben, sehr zufrieden. Wir nehmen Abschied von einer geschichtsträchtigen Ortschaft, die auch zu den ältesten Besiedlungen im Hochsauerlandkreis zählt. Den Abstieg nach Niedermarsberg nahmen wir wieder durch den Wald des Bülbergs. In Niedermarsberg angekommen legten wir noch einmal eine Rast ein, bevor wir unsere Heimreise ins Ruhrgebiet antreten.

Fazit des Ausflugs: Die Ortschaften Niedermarsberg und Obermarsberg sowie Essentho, nahe der hessischen Grenze, sind auf jeden Fall eine Reise oder einen Ausflug wert. Auch für Jakobspilger, die durch das Sauerland pilgern wollen. Von hier gibt es verschiedene Wanderrouten, wie zum Beispiel die Via Regia, die in Richtung Frankfurt führt, oder der Kaiser-Otto-Weg, der über Brilon nach Meschede führt.

Weitere Informationen über die Sehenswürdigkeiten und die Geschichte der Stadt Marsberg Stadtteile erhalten Sie auf den Webseiten: www.marsberg.de, www.tourismus-marsberg.de und www.marsberger-geschichten.de.

Nikolaikirche (Obermarsberg)

Blick auf die Stiftskirche (Obermarsberg)

Kapitel 7

Meschede und die Jakobuskirche in Remblinghausen

Mit dem Besuch der Kreisstadt Meschede im Hochsauerland hat man eine gute Basis, um auf Jakobusspuren zu pilgern. Nicht weit entfernt liegt das idyllische kleine Dorf Remblinghausen mit einer wunderschönen Jakobuskirche.

Die Kreisstadt Meschede (Hochsauerlandkreis) liegt im Tal am Oberlauf der Ruhr und der Henne, umgeben von der Bergwelt des Sauerlandes. Nördlich liegt der Arnsberger Wald, südwestlich liegt der Naturpark Homert und südöstlich der Ausläufer des Rothaargebirges. Der Stadtkern und seine Umgebung bieten viele Sehenswürdigkeiten und Freizeiterholungen an: Kirchen, Kapellen, Burgen, Schlösser und Wanderungen sowie Baden im nahen Hennesee (Stausee) sind einige davon.

So führen auch einige Wanderrouten nach Remblinghausen, die eine führt über den Mescheder Höhenwanderweg mit herrlichen Ausblicken auf Meschede und Hennesee. Eine weitere führt am Ufer des Stausees entlang und die etwas kürzere Wanderung (ca. 5 km) durch das idyllische Bachtal der Bieke.

Ruhrbrücke in Meschede

Fußgängerzone, Meschede

Bei meinem Besuch in Meschede nutzte ich die kürzere Variante, um mir auch etwas Zeit für die vielen Sehenswürdigkeiten in Meschede zu nehmen. Geschichtssteine, 20 kleine Schieferblöcke mit Hinweistafeln weisen einem den Weg durch die Innenstadt. Vorweg gibt es in der Touristik-Information direkt am Bahnhof reichlich Informationen und Kartenmaterial.

Die Ruhr, die mitten durch die Innenstadt fließt und den historischen Stadtkern wie eine Lebensader in zwei Hälften teilt, musste ich auf meiner kleinen Entdeckungstour mehrmals überqueren. Zunächst besuchte ich die zentral im Ort liegende Pfarrkirche St. Walburga, hier begann ich meine kleine Exkursion auf Jakobus' Spuren. Die ehemalige Stifts- und Wallfahrtskirche war im frühen Mittelalter des 9. Jahrhunderts Mittelpunkt eines adeligen Damenstiftes. Emhildis, die erste Äbtissin des Stifts, eine Adelige aus dem Hause der Grafen von Arnsberg, war die Gründerin des Stifts, ihre Schutzpatronin war die Heilige Walburga auch Walpurgis genannt. Sie wurde um 710 in Devonshire in Wessex/England geboren und war die Tochter des englischen Königs Richard (Richard der Pilger), ihre Brüder waren Wunibald und Willibald von Eichstätt, und der Heilige Bonifatius war ihr Onkel. Sie missionierte genau wie ihre Verwandten in Deutschland, sie wurde Äbtissin im Kloster Heidenheim in Franken. Am 25. Februar 779 (oder 790) starb sie in Heidenheim.

Pfarrkirche St. Walburga, Meschede

Ehemalige Stiftskirche St. Walburga

Die heutige Hallenkirche ist bis auf den Westturm und die Ringkrypta auf den Fundamenten einer Vorgängerkirche, einer romanischen Basilika, erbaut worden. Durch einen Brand im 12. Jahrhundert sowie im Dreißigjährigen Krieg wurde sie so in Mitleidenschaft gezogen, dass sie wieder neu errichtet wurde. Seit 1787 ist sie Pfarrkirche, bei der Kirchenrenovierung und archäologischen Untersuchungen fand man die Choranlage der vorromanischen Kirche und im Boden und den Wänden der Orgelempore über hundert Tongefäße, sie dienten vermutlich als Schallgefäße für eine verbesserte Akustik.

Neben der Stiftskirche, die im südlichen Stadtteil liegt, gab es noch eine weitere historische Kirche in Meschede, die „Mariä Himmelfahrt et St. Johanni", auch „Zur Himmelfahrt Mariens" genannt, sie war lange Zeit die Pfarrkirche für Meschede und für sein Umland und gehörte zum Kirchspiel Meschede. Auch sie wurde im 2. Weltkrieg, wie der gesamte alte Stadtkern, völlig zerstört und 1953 wieder neu aufgebaut. Die Stadt hatte in ihrer über 1000jährigen Geschichte viel erlebt, die gesamte Region war gezeichnet von Kriegen, Glaubensauseinandersetzungen, Hungersnöten, Krankheiten wie die „Rote Ruhr" und auch mit Überschwemmungen hatte man zu kämpfen.

Meschede lag damals an einigen wichtigen Handelstraßen, die nach Soest und Paderborn führten.

Brunnen „Kleines Welttheater",
Stiftsplatz, Meschede

Wegen der Bedeutung der strategischen Lage und den Einfluss des Stifts und dessen Ansiedlungen wurden der Siedlung Meschede um 958 durch König Otto I., die Markt- und Zollrechte verliehen und sie wurde 1457 zur „Freiheit" ernannt. Die alten Fernwege (Handelswege), die auch die Jakobspilger nutzten, um durch das Sauerland nach Santiago de Compostela zu gelangen, nannte man auch Altstraßen. Diese uralten Verbindungen führten vom Hellweg aus auch über das Sauerland.

So verband zum Beispiel der „Plackweg", eine Ost-West-Verbindung, die schon die Römer nutzten und die vermutlich auch über Meschede führte. Der Kriegerweg (Heerweg) verband die Städte Paderborn und Siegen miteinander. Dann gibt es noch den Römerweg, eine ebenso alte Handelstraße, die von der Briloner Hochebene durch das Sauerland nach Köln oder Bonn führte. All diese Wege und deren Verbindungen kreuzen die Heidenstraße, auch sie ist eine alte Ost-West-Verbindung, die von Leipzig über Kassel nach Köln führt.

Strategisch lag das alte Meschede an einem wichtigen Kreuzungspunkt. An einer Furt konnte man sicher die Ruhr überqueren, auch die karolingische Wallburg, die „Hünenburg", eine Fliehburg, bot Sicherheit, sie thronte über der Stadt und strahlte Stärke aus. Machtkämpfe und Glaubensauseinandersetzungen gab es auch hier, besonders in der Zeit der Sachsenkriege (772-804).

Abtei Königsmünster

Pulverturm

Der Frankenkönig Karl der Große führte seine Soldaten gegen die Sachsen. Es war die Epoche der Christianisierung, das bis dahin heidnische Volk im Sauerland wurde zum Christentum bekehrt, Klöster entstanden und repräsentierten den Glauben an Gott. So auch die Gründung eines Kanonissen-Stifts in Meschede, von hier fand die missionarische Tätigkeit in dieser Region ihren Anfang, die Menschen pilgerten zu den Reliquien der Heiligen Walburga.

Ich hatte nicht das Glück, die Kirche war leider verschlossen, gleich neben der ehemaligen Stiftskirche (Stifts-Platz), an historischer Stelle, strahlte mich ein kunstvoller Brunnen an. Geschaffen wurde das Kunstwerk 1991 vom Bildhauer Werner Klenk. Der Brunnen „Kleines Welttheater", Figuren und Bilder spiegeln die Epochen der Mescheder Geschichte wieder, verschiedene Stationen zeigen das kirchliche und wirtschaftliche Leben sowie das Leben der Menschen von der Jugend bis zum Alter. Danach ging ich wieder zurück zur Ruhrbrücke, vorbei an einer Nepomuk-Skulptur, ein Brückenheiliger aus Prag, in den nördlichen Stadtteil und besuchte die auf einer Anhöhe liegende Abtei Königsmünster.

Hier leben Benediktiner Mönche, die 1928 aus der Abtei St. Ottilien (Bayern) entsandt wurden, um in Meschede auf dem Dünnefeld ein Kloster zu errichten. 1956 wurde es zur Abtei erhoben.

Kath. Pfarrkirche „Mariä Himmelfahrt"

Michaelskapelle (Klausenberg)

Schon von weitem sah ich die hoch auf einem Hügel thronende Klosteranlage, wie eine Festung strahlt die Abteikirche vom Klosterberg. Von hier hat man eine gute Aussicht auf Meschede. Nachdem ich mir die klösterliche Anlage mit Park angeschaut hatte, ging es am Pulverturm vorbei, er diente von 1620 bis 1860 einem Bataillon der preußischen Landwehr als Lager von Schießpulver.

Vorbei an der Kirche „Mariä Himmelfahrt", die auch verschlossen war, entschied ich mich, bevor ich mich weiter nach Remblinghausen aufmachte, das Wasserschloss Laer zu besuchen. Es liegt nur einige Kilometer außerhalb von Meschede entfernt. Über den Sophienweg unterhalb des Hainbergs erreichte ich, dem Flusslauf der Ruhr folgend, die Bahngleise der Regionalbahn des Sauerland-Express. Vorsichtig ging es über die Gleise, über die Ruhrbrücke erreichte ich die kleine Chaussee, die vorbei an der Schlosskapelle zum Schloss führt. Heute ist die Schlossanlage im Privatbesitz und kann leider nicht besichtigt werden, dennoch fand ich trotz Warnung vor einem bissigen Hund, Gelegenheit das idyllisch gelegene Schloss zu fotografieren. Das als Lehnsgut des Stifts Meschede dienende Schloss wurde erstmals 1268 urkundlich erwähnt, 1602 erwarb es der Paderborner Hofmeister Heinrich von Westphalen, er baute das Gut Laer als Herrenhaus um. Nach der kurzen Besichtigung, ging es wieder zurück nach Meschede, diesmal flussaufwärts neben der Landstraße 743 (Arnsberger Straße).

Schlosschaussee mit Kapelle

Wasserschloss Laer

Die Ruhr bei Meschede

Landschaft bei Laer

Schnell hatte ich den Stadtkern erreicht, oben auf dem Kappelsberg (Klausenberg) thront die Michaelskapelle, ein Kreuzweg führt hinauf zur Kapelle. Sie wurde um das Jahr 1150 errichtet und diente lange Zeit Dominikanerinnen als Aufenthaltsort (Klause). Später nach der Säkularisation (1819) ging sie in den Privatbesitz des Grafen von Westphalen über, der hier einen Familienfriedhof errichtete.

Nach einer Weile erreichte ich die Kreisverwaltung des Hochsauerlandkreises, das moderne Gebäude liegt idyllisch in der Henneaue, der kleine Fluss Henne mündet nach 22,5 km und nachdem er unterhalb des gleichnamigen Stausees fließt, hier in die Ruhr. Parallel zur Landstraße 740 ging ich über einen Radwanderweg durch ein schönes Bachtal, dieser führte mich schließlich leicht bergauf und nach ca. 5 km nach Remblinghausen.

Ich muss gestehen, die vielen Besichtigungen haben doch einige Zeit gekostet, hoffentlich hat die Jakobuskirche auf, waren meine Gedanken. Nach einer guten Stunde durch die traumhafte Landschaft durch das Bachtal der Bieke erreichte ich das schöne Dörfchen Remblinghausen. Das kleine Kirchspiel mit der Pfarrkirche St. Jakobus, gehört seit 1975 zur Stadt Meschede. Urkundliche Erwähnungen datieren den Ort, der mit „Sifridus de Remelinchusen" in Verbindung gebracht wird, um das Jahr 1242.

Dorf Remblinghausen

Kirche St. Jakobus, Remblinghausen

Der erste Pfarrer der kleinen Kirchengemeinde, war ein gewisser „Ecbertus. Die schöne Kirche steht mitten im Ort. Als wenn die Zeit stehen geblieben ist, strahlt sie anmutend ländliche Frömmigkeit aus. Lange Zeit war die Kirche und die Pfarrei unter der Obhut des Damenstifts Meschede, sie stellten den Pfarrer des Kirchspiels.

Nachdem die Kirchen in Meschede verschlossen waren, hatte der Heilige Jakobus ein Einsehen mit mir, denn die schöne Kirche war geöffnet, Jakobus sei Dank. Die heutige Saalkirche wurde auf den Fundamenten einer aus dem 13. Jahrhundert stammende romanische Kirche erbaut. 1754/55 wurde die Pfarrkirche erbaut und Jakobus dem Älteren geweiht. Gleich drei Jakobusfiguren findet man in der im Barock-Rokoko-Stil gehaltenen Kirche. Die erste befindet sich gleich über das Kirchenportal, eine aus Sandstein gefertigte Skulptur, die den hl. Jakobus als Apostel mit Muschel als Erkennungszeichen der Jakobspilger, darstellt. Im Inneren der Kirche fällt einem sofort der schöne barocke Hochaltar auf, in der Mitte die Muttergottes Maria, gleich links neben ihr, Jakobus mit Muschel-Emblem, Pilgerstock und Kürbisflasche (Kalebasse). Die dritte Jakobusfigur befindet sich an der Wand, links vom Hochaltar. Eine besonders schöne Darstellung im gotischen Stil, sie zeigt den Apostel Jakobus, sitzend mit Muschelhut, Stab und Tasche.

Gleich drei Jakobusfiguren in Remblinghausen

Mein Tagesausflug in Meschede und der Besuch der kleinen Gemeinde Remblinghausen, mit ihrer wunderschönen Jakobuskirche, haben sich wirklich gelohnt. Der Jakobsweg, der durch das ländliche Remblinghausen führt, verläuft wahrscheinlich weiter über Eslohe und den Ortsteil Bremscheid. Hier befindet sich eine St. Jakobus geweihte Kapelle (1647) und über Cobbenrode erreicht man schließlich Elspe, hier kreuzt man die Heidenstraße, auf der man auf Jakobuswegen nach Köln kommt.

Kapitel 8

Jakobusspuren im Sauerland
Von Rüthen bis nach Kallenhardt

Das Sauerland bietet dem Pilger und Wanderer viele Möglichkeiten um sich auf Jakobusspuren zu begeben.

So auch in der mittelalterlichen Bergstadt Rüthen, diese liegt auf einem Hügel, im Oberland des nördlichen Sauerlandes.

Von hier machte ich mich im Mai auf den Weg, erkundete Rüthen mit seiner alten, gut erhaltenen Stadtmauer und seinem bekannten Hexenturm.

Anschließend wanderte ich durch grüne Täler und Wälder und besuchte die ebenfalls auf einem Hügel liegende Ortschaft Kallenhardt. Ziel meiner kleinen Forschungsreise war unter anderem die Erkundung der mittelalterlichen Ortschaften Rüthen und Kallenhardt mit ihren alten Kirchen.

Aber auch die einzigartige Natur des Nordsauerlandes und den Streckenverlauf der „Sauerland Waldroute", wollte ich erkunden. Meine Anreise begann mit der Bahnfahrt von Herne über Bochum nach Lippstadt, hier nahm ich einen Bus, der mich über den Höhenzug des Haarstrangs nach Rüthen führte.

Mit dem Bus ging es von Lippstadt aus in südlicher Richtung durch eine alte faszinierende Landschaft der Westfälischen Bucht (Hellwegbörden), eine historische Kulturregion, die seit Hunderten von Jahren durch Landwirtschaft geprägt ist.

Kleine wunderschöne Ortschaften und Dörfer wie z.B. Bökenförde, Oestereiden, Hoinkhausen, Nettelstädt und Menzel wurden durchquert. Bis ich schließlich nach ca. 2,5 Stunden Anreise Rüthen, das Tor zum Sauerland, erreicht hatte.

Blick auf Rüthen

Rüthen, das Tor zum Sauerland

Die 800-jährige Berg- und Hansestadt Rüthen liegt an der Grenze zum Nordsauerländer Oberland, eine Hügellandschaft, die im Norden vom Haarstrang und der Westfälischen Bucht abgegrenzt ist. Weiter im Süden beginnt das Hügelland der Sauerländer Senken, die sich bis zum Rothaargebirge hinziehen. Wie der Name der Bergstadt vermuten lässt, befindet sich Rüthen auf einem Hügel, umgeben von einer mittelalterlichen 3 km langen Stadtmauer. Rüthen hat im Laufe der Zeit viel erlebt, die Stadt lag im Grenzgebiet verschiedener germanischer Volksstämme, auch Franken und Sachsen siedelten sich hier an.

In der Zeit des Frankenkönigs Karl der Große, der um 774 gegen die Sachsen vorging und weite Teile des Sauerlandes christianisiert hatte, ließ er nicht nur viele Burgen- und Festungsanlagen bauen, sondern baute auch das Straßennetz weiter aus. Bis heute erinnern der westfälische Hellweg und der Haarweg an die alten Königs-, Heeres- oder Handelsstraßen. Da Rüthen in seiner Blütezeit (13. - 17. Jh.) auch regen Handel betrieb und seit 1983 zu den Gründungsmitgliedern des „Westfälischen Hansebundes" gehört, ist nicht auszuschließen, dass Pilger, die aus Paderborn, Geseke, Lippstadt oder aus Soest kamen, auch im Schutz der Kaufleute durch Rüthen gepilgert sind.

Pfarrkirche St. Nikolaus und Marktbrunnen, Rüthen

Am Markt mit Geschichtsbrunnen angekommen besuchte ich gleich zu Beginn meiner Reise die kath. Pfarrkirche St. Nikolaus. Eine zweijochige im romanisch-frühgotischen Stil gehaltene westfälische Hallenkirche mit massivem Westturm.

Erbaut wurde sie im 13. Jahrhundert als Bürger- und Kaufmannskirche, sie ist dem Heiligen Nikolaus geweiht, der unter anderem auch Schutzpatron der Reisenden, Pilger und Kaufleute ist. Im Inneren der Kirche, die im barocken Stil eingerichtet ist, befindet sich auch eine anmutige Mariendarstellung (Pieta) aus dem 13. Jahrhundert. Der barocke Helm der Kirche wurde 1699 aufgesetzt.

Pfarrkirche St. Nikolaus

Kirchenportal - Hauptaltar - Pieta (13. Jh.)

Nachdem ich die in der Nähe befindliche Touristik-Information aufgesuchte hatte und vom freundlichen Personal mit reichlich Material ausgestattet wurde, ging ich zur Hachtorstraße, hier, im alten Stadtteil, steht das „Alte Rathaus". Dieses charmante Gebäude wurde 1726-1730 vom Erwitter Baumeister Michael Spanner im Barockstil errichtet, mit seiner mächtigen zweiläufigen Rundbogentreppe, aus Rüthener Grünsandstein erbaut, ein Blickfang der Stadt.

Umgeben von alten Fachwerkhäusern geht es weiter in nördlicher Richtung zum Hachtor. Das einzig erhaltene Stadttor von einst vier Stadttoren ist im 13. Jahrhundert ebenfalls aus Rüthener Grünsandstein gebaut, es ist ein Teil der mittelalterlichen Stadtbefestigung, die sich um die historische Stadt Rüthen schließt. Von hier hat man eine fantastische Aussicht auf die hügelige Umgebung Rüthens.

Gleich zu Beginn meines Stadtrundgangs blickte ich in nordwestlicher Richtung auf den älteren Stadtteil Altenrüthen (früher: Haupthof Rüden), vermutlich Namensgeber der späteren Stadt Rüthen. Auf einer Anhöhe sah ich die alte katholische Pfarrkirche St. Gervasius und St.-Protasius. Hier stand früher der Haupthof Rüden, der um das Jahr 1000 im Besitz des Erzbischofs von Köln war. Im 9. Jahrhundert wurde die Pfarrei von der Urpfarre Erwitte aus gegründet, darunter befanden sich auch die Pfarrbezirke Effeln, Meiste, Langenstraße, Rüthen und Warstein.

Hachtor (Altes Stadttor)

Stadtteil Altenrüthen

Rathaus Rüthen

Der spätere Nachfolger, Erzbischof Anno II., unterstellte die Kirche im Jahr 1072 dem Kloster Grafschaft. Lange Zeit war die ehrwürdige Kirche Ziel vieler Wallfahrer, sie verehrten dort die Heiligen Gervasius, Protasius, Ursula und Barbara und die Kreuzreliquie, das Kreuz „Herrgott von Altenrüthen", mit Kreuzpartikeln des Heiligen Kreuzes.

Mein Rundgang auf den alten Stadtmauern führte mich weiter zur kath. St. Johanneskirche, geweiht dem Täufer Johannes. Diese dreischiffige und dreijochige Hallenkirche wurde ebenso wie die St. Nikolauskirche im 13. Jahrhundert erbaut, beide Kirchen dienten nur einer Pfarrgemeinde.

St. Johanneskirche, Rüthen

Barockportal, Rüthener Friedhof

Ganz in der Nähe befindet sich der Rüthener Friedhof, auffällig das Barockportal im Eingangsbereich. Von 1684 bis 1834 diente es als Kirchenportal der Klosterkirche des Rüthener Kapuzinerklosters. Dort, wo sich heute der städtische Friedhof befindet, stand früher die Rüdenburg.

Eine kölnische Landesburg, die im Jahr 1200 vom Erzbischof Adolf I. von Altena und mit Zustimmung der Grafen von Arnsberg erbaut wurde; sie diente bis 1370 als Befestigungsanlage. Danach ließ man die Burg schleifen und sie zerfiel in den darauf folgenden Jahren, der letzte Rest brannte 1622 ab. Seit 1826 befindet sich der Friedhof auf dem ehemaligen Burgplatz.

Rüthen war stets Angriffsfläche territorialer Macht, Raubzüge durch die Stadt, die Soester Fehde, Bürgeraufruhr und Religionswirren waren nur der Anfang. Seuchen, Brände und Kriegswirren im 30-jährigen Krieg folgten und waren der Schrecken der Stadt. Glück hatte die Stadt nur in den beiden Weltkriegen, dort wurde sie zum größten Teil verschont.

Die gut erhaltene Stadtmauer, das Hachtor und der Hexenturm erinnern bis heute an längst vergangene Zeiten, als das Mittelalter auch eine dunkele Epoche hatte und das Überleben der Menschen, auch im Sauerland, nicht einfach gewesen war.

Alte Grabsteine, Rüthener Friedhof

Hexenturm

Bronzerelief (B. Gerresheim)

Kurz nach dem Friedhof erreichte ich auf dem Stadtmauerrundweg das nächste historische Bauwerk, einen Wehrturm, bekannt als Hexenturm von Rüthen, aus dem 14. Jahrhundert. Dieser alte Turm liegt auf der Westseite der Stadtbefestigung, er diente Jahrhunderte lang als Gefängnis für Diebe, Räuber und Verbrecher. Eine Ausstellung des Kulturrings Rüthen erinnert im Inneren des Turms, der mit zahlreichen Exponaten ausgestattet ist, an die Zeit der Hexenverfolgungen (Inquisition). Auch im Herzogtum Westfalen, wozu auch Rüthen damals zählte, fanden solche Hexenprozesse statt.

Die Folter- und Verhörinstrumente in der Ausstellung zeigen, mit welchen grausamen Methoden man im Mittelalter gegen angebliche Ketzer, Hexen und Zauberer vorgegangen ist. Auch in Rüthen fielen über 100 Menschen den brutalen Folterknechten und den grausamen Foltermethoden der damaligen Zeit zum Opfer. Ein Bronzerelief des Düsseldorfer Künstlers Bert Gerresheim an der Außenmauer des Turms, ist den beiden Widersachern und Bekämpfern der Verhörmethoden und der Hexenverfolgung, Friedrich Spee von Langenfeld (1591-1635), der den Satz geprägt hatte: „Im Zweifel für den Angeklagten", und seinem Mitstreiter Michael Stapirius, einem Landpfarrer aus Metzel, gewidmet.

Stadtmauerrundweg

Nachdem ich den Hexenturm besichtigt hatte ging es weiter auf den alten Mauerring der Stadtbefestigung. Gegenüber dem Hexenturm liegt noch das Handwerkerdorf mit der „Alten Seilerei", heute ein Seilereimuseum, das besichtigt werden kann. In der Mitte des 19. Jahrhunderts befanden sich noch früher 6 Seilbetriebe. Taue, Seile und Schnüre, z.B. für die Landwirtschaft, Viehhalter, Pferde- und Pflugleinen, Schiffstaue, Fischernetze und Glockenseile wurden auf traditioneller Weise hergestellt.

Im großen Bogen ging es zunächst wieder Richtung Stadt, bis zum südlichen Rand der Stadtmauer, von hier genießt man eine wunderbare Aussicht auf Rüthen und seine bezaubernde hügelige Umgebung. Unterhalb der Stadtmauern befinden sich oft kleine idyllische Gartenparzellen, die von den Rüthener Bürgern liebevoll angelegt wurden. Nach einer Weile erreichte ich das ehemalige Krankenhaus „Maria vom Stein", heute ein Erholungs- und Altenheim für die Schwestern vom Orden des hl. Vinzenz von Paul. Auch der Wasserturm (1909), auch ein Wahrzeichen von Rüthen, stand ganz in der Nähe. Mit einer Höhe von knapp 36 Meter und einer Aussichtsplattform war der Turm innerhalb der Stadtmauer nicht zu übersehen. Nach 3 Stunden Stadtbesichtigung und den vielen historischen Sehenswürdigkeiten, die alle über die alte Stadtmauer zu erreichen waren, verlasse ich nun das ehrwürdige Rüthen.

Blick auf die Stadtmauer

Stadtmauer und Wasserturm

Fazit: Der Besuch hatte sich für mich wirklich gelohnt, Rüthen ist eine freundliche Stadt im Norden des Sauerlandes. Mit den Spuren einer großen geschichtlichen Vergangenheit, der gut erhaltenen Stadtmauer, Stadttor und Hexenturm sowie den unzähligen Plätzen, an denen man verweilen kann, eine echte Perle des Mittelalters und des Sauerlandes. Weitere Informationen unter www.ruethen.de.

Kallenhardt am Jakobsweg

Meine Spurensuche ging aber noch weiter, ich wollte heute noch Kallenhardt erreichen. Diese kleine Ortschaft ist ein Stadtteil von Rüthen und liegt ca. 7 km südlich von ihr, im Arnsberger Wald. Heute war ein besonders schöner Tag, das Wetter spielte mit, den ganzen Vormittag lang strahlte die Maisonne und dazu ein azurblauer Himmel. Bei Temperaturen um die 28 Grad, ideal um im Schatten der Wälder zu wandern. Zunächst ging es über einen kleinen Waldpfad den Südhang hinab ins Möhne- und Bibertal. Ich erreichte den Birkenweg, der mich zur Möhnetalstraße hinunter führte. Hier überquerte ich die Bundesstraße 516 und die Möhne und im Anschluss noch einen kleinen Bach, kurz danach ging es über einen Feldweg weiter. Ich erreichte die Stork`s Scheune, ein Rastplatz, an dem sich 2 Wanderwege kreuzen, zum Bibertal (Walderlebnis Biberpfad) und nach Kallenhardt.

Über die Felder...

Waldpfad im Arnsberger Wald

Der Biberpfad, ein Erlebnispfad für die ganze Familie, führt durch das waldreiche Bachtal, hier befinden sich auch das Biberbad und die Rüthener Jugendherberge. Ich ging den anderen Wanderweg nach Kallenhardt, vielleicht ein neuer Jakobsweg? Er führte mich über einen steilen Anstieg zum Eulenspiegel hinauf. Zunächst ging es noch beschaulich über die Felder und Wiesen, dann wurde es etwas steiler, bis ich schließlich die Höhe und ein Waldgebiet erreicht hatte. Mitten in den Wäldern befindet sich die Deutsche Pfadfinderschaft Sankt Georg (Diözesanzentrum Rüthen), ein katholischer Pfadfinderverband für Kinder und Jugendliche und Familien.

Hier folgte ich einer Waldroute, die mich um den Kalvarienberg führte, immer wieder öffneten sich Blicke durch die dichten Wälder des Arnsberger Waldes. Denn auf der anderen Seite sah ich das Tal der Glenne und den Bergkegel, auf dem die Ortschaft Kallenhardt mit der St. Clemens-Kirche thront. Bis dahin sind es aber noch ein paar Kilometer. Fast lief ich am Hinweisschild „Prozessionsweg" vorbei, der mich über den steilen Kreuzweg mit Bildstöcken ins Tal und zur Siechenkapelle führte. Die Siechenkapelle ist Station der Kallenhardter Pfingstprozession, von hier führt der Kreuzweg auf den Kalvarienberg. Auch die Schloss-Route führt an der Kapelle vorbei, ein Rundwanderweg, der zum Schloss Körtlinghausen führt.

Kreuzweg Kallenhardt

Bergdorf Kallenhardt

Nach einem steilen Anstieg, der mich über die Wiesen den Hang hinauf führte, erreichte ich die alten Stadtmauern und den Ortskern von Kallenhardt. Noch ein paar Meter ging es bergauf und ich erreichte den höchsten Punkt (450m) des Dorfes, hier steht die imposante barocke St. Clemens-Kirche. Die Pfarrkirche wurde im Jahr 1722 an Stelle einer Vorgängerkirche erbaut und Papst Clemens geweiht. Doch der mächtige 42 m hohe Westturm der Kirche stammte aus dem 13. Jahrhundert. Er war Teil der befestigten Stadt und bot mit seinen dicken Mauern den Dorfbewohnern Schutz und Zuflucht. Der Wehrturm mit seinem langen Knickhelm ist schon von weitem sichtbar, er wurde nach mehreren Bränden und Blitzeinschlägen 1792 wiederhergestellt. Das Innere des Kirchenschiffs ist im Barockstil gehalten, mit seinen geschmückten Altären und den vielen Heiligenfiguren, darunter auch der hl. Jakobus, der im Apostelgewand mit Pilgermuschel, Pilgerstab und Buch dargestellt ist, und das Gemälde über den Hochaltar „Mariä Himmelfahrt", ein Schmuckstück des Dorfes.

Das beschauliche Bergdorf Kallenhardt hat ebenso wie die Stadt Rüthen eine bewegte geschichtliche Vergangenheit hinter sich. Denn diese Grenzregion war geprägt von Gebietsstreitigkeiten, Glaubensauseinandersetzungen, Kriegen, Bränden und Krankheiten. Urkundlich wurde Kallenhardt unter seinem ursprünglichen Namen „Osterfelde" als erzbischöflicher Haupthof im Jahr 1072 das erste Mal erwähnt.

Kallenhardt mit Stadtmauer

Pfarrkirche St. Clemens, Kallenhardt

Westturm aus dem 13. Jahrhundert

Chorraum, St. Clemens Kirche

Der Kölner Erzbischof Anno II. gründete hier die erste Kirche, die unter dem Schutz des Klosters Grafschaft stand. Anfang des 13. Jahrhunderts ließ der Erzbischof Engelbert I. von Köln (1216-1225) hier eine Burg errichten, die 1254 vom Paderborner Bischof Simon wieder zerstört wurde.

Mit Zustimmung des Erzbischofs Siegried von Westerburg (1274-1297) und dem Landmarschall Johann von Plettenberg wurde in den folgenden Jahren die befestigte Stadt Kallenhardt erbaut, in deren Mauern die Bauern und Bürger Schutz fanden. In den folgenden Kriegen 1411 und 1447 (Soester Fehde) wurde Kallenhardt mehrfach ausgeplündert und zerstört. Auch ein verheerender Stadtbrand 1791 zerstörte die Stadt fast vollständig.

Erst in der Zeit der Säkularisation 1802/03, der Aufhebung kirchlicher Fürstentümer, fand die Stadt ihren Frieden. Kurze Zeit gehörte Kallenhardt zum Großherzogtum Hessen und ab 1816 wieder zum Herzogtum Westfalen im Königreich Preußen. 1975 wurde die Stadt Kallenhardt ein Stadtteil von Rüthen, das zum Kreis Soest und zum Regierungsbezirk Arnsberg gehört.

Mit meiner umfangreichen Stadtbesichtigung und mit der Besichtigung der kath. Pfarrkirche St. Clemens, die ich mit Unterstützung und Führung des Ehepaars Geesmann aus Kallenhardt bekommen hatte, beende ich meine heutige Tagesetappe.

Fazit: Die bezaubernde Stadt am Jakobsweg kann mit einem Rundgang und den aufgestellten Hinweistafeln, die an 10 historischen Standorten stehen und die der Förderverein für „Heimatpflege und traditionelles Brauchtum Kallenhardt", aufgestellt hatte, in einer guten Stunde besichtigt werden. Weitere Informationen finden Sie unter www.kallenhardt.de.

Chorraum, St. Clemens Kirche

Kapitel 9

Die Heidenstraße II
Von Winterberg bis nach Schmallenberg

Die Spurensuche auf der mittelalterlichen Heidenstraße ist nicht ganz so einfach, wie man denkt, dennoch machte ich mich im Juni 2013 wieder auf den Weg, um auf den Resten des alten Heer- und Handelswegs zu pilgern. Die Heidenstraße, die die großen Ortschaften wie Leipzig, Kassel und Köln verband, durchzog auch das kurkölnische Sauerland. Diese Etappe beschreibt den Verlauf der Heidenstraße von Winterberg über Altastenberg, Westfeld, Oberkirchen, Winkhausen, Gleidorf bis nach Schmallenberg.

Eine wunderschöne Tagesetappe, auf der man in Verbindung mit anderen sauerländischen Wanderwegen noch heute auf Spuren der alten Heidenstraße stoßen kann. Das Schöne dieser doch geheimnisvollen Altstraße ist, wenn man auf sie trifft, dass man sich auch gleichzeitig in einer unberührten Naturlandschaft befindet. Es geht oft über traumhafte Feldwege, Waldpfade oder Hohlwege, man bekommt den Eindruck, auf sich selbst gestellt zu sein. Doch ganz so schlimm, wie es noch im Mittelalter war, ist es heute nicht mehr.

Heute kann man ohne Gefahren durch die sauerländischen Wälder und Höhen pilgern und wandern. Die Wege sind gut ausgeschildert und meistens mit einer gelben Muschel (Jakobsweg) versehen. Auch auf manchen Wanderkarten ist die Heidenstraße gut markiert. Die einzigen Voraussetzungen sind gutes Schuhwerk, Regensachen und ein wenig Kondition um die steilen Pfade zu meistern.

Zwei Jakobusskulpturen und schönes Kirchenfenster in der Pfarrkirche St. Jakobus in Winterberg...

Von Winterberg bis nach Altastenberg

Winterberg ist vom Ruhrgebiet bzw. von Dortmund mit dem Sauerland-Expresss (RE 57) in gut 2 Stunden zu erreichen. Am besten beginnt man seine Wanderschaft an der St.-Jakobus-Pfarrkirche zu Winterberg, diese erinnert daran, dass Winterberg an einem historischen Jakobsweg liegt. Der Heilige Jakobus ist auch Stadtpatron von Winterberg, in dessen Wappen er mit Pilgerstab abgebildet ist. Die schöne Kirche aus dem 13. Jahrhundert, die Jakobus dem Älteren geweiht ist, war für die mittelalterlichen Pilger die auf der Heidenstraße weiter nach Köln pilgerten, stets eine zentrale Station auf dem langen Weg nach Santiago de Compostela. Hier konnten früher die Pilger, die schon einige Höhen überwunden hatten, in der unteren Turmetage der Kirche übernachten und auch die notwendige spirituelle Kraft bekommen.

Der Weg der Heidenstraße verläuft durch die schöne Altstadt von Winterberg und weiter bis zum Rathaus. Hier steht an historischer Stelle (Hinrichtungsstätte), da wo im Mittelalter der Galgen von Winterberg stand, ein Gedenkstein, der an die Zeiten der ersten Hexenprozesse in Westfalen erinnert. Die Heidenstraße verläuft nun weiter Richtung Kahler Asten, unterhalb der St. Georg Schanze und am Skilift Bremberg vorbei, hier verweisen Hinweisschilder auf verschiedene Wanderwege.

Unterhalb der St. Georg Schanze

Blick auf das Renautal

Pfarrkirchen, „Maria Schnee"

St. Erasmus (Totenkapelle)

Auch der Rothaarsteig führt von hier über den Kahlen Asten. Die Heidenstraße jedoch führt am Nordhang des Berges und durch das urige Renautal, bis man nach 2 Kilometern bei leichter Steigung den Luftkurort Altastenberg, die höchstgelegene Ortschaft des Sauerlandes (740-790m) erreicht.

Mit einer fantastischen Aussicht über die Bergwelt des Sauerlandes belohnt, genießt man hier in luftiger Höhe und zu Füßen des Astenbergs (Kahle Asten) eine gemütliche dörfliche Umgebung. In den vielen Gasthäusern mit Sonnenterassen kann man sich herrlich erholen und entspannen. Im Haus des Gastes bekommen Pilger und Wanderer vom freundlichen Personal wichtige Informationen und Kartenmaterial. Ein Besuch der beiden katholischen Pfarrkirchen, „Maria Schnee" und St. Erasmus (Totenkapelle) lohnt sich. Ganz in der Nähe der Kirchen befindet sich die Astenstraße, man folgt ihr nach links, einige Schritte geht es bergauf und man erreicht den historischen Pfad, der zu den „Alten Schanzen" führt.

Hier weist ein Gedenkstein auf den alten Heer- und Handelsweg der Heidenstraße hin, dessen Route früher von Soldaten, Kaufleuten, Handwerkern und Pilger genutzt wurde. Auch die Schwedenschanzen (Astenberger Schanzen), ein spätmittelalterliches Landwehrsystem mit Bastionen, das die Grenze und Besitz des Klosters Grafschaft sicherte, befanden sich hier.

Gedenkstein „Heidenstraße"

Kreuzkapelle, Altastenberg

Noch heute kann man ganz in der Nähe der Kreuzkapelle, die von zwei Kaufleuten aus den Niederlanden, den Gebrüdern Rath und Pfennig, erbaut wurden, die Erdwälle der einstigen strategischen Anlage ausmachen. An diesen beiden Verteidigungslinien wurde von beiden Seiten die Heidenstraße kontrolliert und konnte somit den damaligen regen Handelsverkehr zum Erliegen bringen.

Heute befindet sich hier das Blockhaus der Schweden-Hütte, eine schöne Einkehrmöglichkeit mit Sonnenterasse und wunderbarem Panoramablick auf das Rothaargebirge. Gleich daneben der Sportplatz des Fußballvereins SC 62 Altastenberg/Nordenau.

Dahinter gabelt sich nun der Historische Pfad, die Heidenstraße führt links über einen schmalem Waldweg nach Westfeld und Oberkirchen, den älteren Verlauf der Heidenstraße.

Von Altastenberg bis nach Westfeld

Die andere Route führt hinunter ins Nesselbachtal und wieder hinauf nach Nordenau. Die Wegzeichen der Heidenstraße, angebracht vom Sauerländischen Gebirgsverein, zeigen eine gelbe Jakobsmuschel sowie einen weißen Querbalken auf schwarzem Grund.

Blick auf die Altastenberger Pfarrkirche

Waldpfad Richtung Westfeld

Hubertusstein

Heidenstraße

Die Heidenstraße führt jetzt durch eine Waldlandschaft leicht bergab und bergauf, über den Brandtenberg und Brandtenholz gelangt man nach einer Weile zum Hubertusstein, einem Gedenkstein der Jäger. Hier eröffnet sich ein tolles Landschaftsbild über die weiten Felder und Wiesen der Höhen. Blühende Obstbäume am Wegesrand und Ruhebänke laden zum Verweilen ein. Im Tal der Lenne liegt das idyllische Fachwerkdorf Westfeld (480-540m).

Westfeld im oberen Lennetal, gegründet im Jahre 1072, blickt auf eine lange Geschichte zurück. Wie viele Dörfer, die an der Heidenstraße liegen, durchzogen in den großen Kriegen Soldaten und Plünderer die Dörfer. Große Not und Elend herrschte z.B. im Dreißigjährigen Krieg (1618-1648), Brandschatzungen, Ernteausfall und Hungersnöte waren die Folgen. Besonders als schwedische Truppen durchs Land zogen, sie plünderten und raubten, was das Zeug hielt. Heute kaum noch vorstellbar und nicht genug des Elends, Wolfsangriffe setzten zusätzlich den Einwohnern zu.

Ganze Wolfsrudel fielen über die Dörfer und deren Menschen her. An vielen Orten wurden Wolfsfallen und Gruben (Wolfskaulen) errichtet, um der Lage Herr zu werden. Die Siedlung Wolfskuhle, zwischen Oberkirchen und Vorwald, erinnert noch heute an die grausame Zeit der Überfälle.

Westfeld an der Lenne

Kirche St. Blasius, Westfeld

Jakobus der Ältere

Aber auch die Zeiten der Hexenverfolgungen im 16. und 17. Jahrhundert, die Religionskriege und die französische Revolution (1789-1814), brachten viel Elend übers Land.

Gott sei Dank ist heute von diesem Elend und der Not nichts mehr zu spüren. Die Menschen haben sich hier mit viel Fleiß und schwerer Arbeit etwas aufgebaut und erreicht, dass wir, die wir das Land besuchen und bereisen, eine intakte Natur und eine dörfliche Idylle vorfinden.

Die Ortschaft Westfeld glänzt nicht nur mit ihren schönen Fachwerkhäusern, die mit schönen Inschriften bestückt sind, sondern auch mit ihrer schönen Kirche St. Blasius, die mit vielen Heiligenfiguren, darunter auch der Heilige Jakobus, ausgestattet ist. Nach einer kleinen Pause und Einkehr in einem schönen Landgasthof geht es für mich weiter Richtung Oberkirchen.

Von Westfeld bis nach Oberkirchen

Gleich hinter der Kirche wird die Lenne überquert und man folgt dem Wanderweg X2, dieser führt zunächst noch an der Lenne entlang, bis es wieder zügig bergauf geht. Nach einer halben Stunde hat man eine Kreuzwegstation mit dem „Antoniushäuschen" erreicht. Der erste Blick auf Oberkirchen wird frei und im Hintergrund liegt der Wilzenberg (658m), der „heilige" Berg des Sauerlands.

Kreuzweg - Antoniushäuschen

Blick auf den Wilzenberg und Oberkirchen

Heidenstraße Richtung Oberkirchen

Oberkirchen

Viele Sagen und Legenden ranken sich um den geheimnisvollen Berg, auf dem es neben Resten einer uralten Wallburg aus der Eiszeit und einer mittelalterlichen Raubritterburg sich auch eine Wallfahrtskapelle befindet. Kurz danach führt ein schmaler Pfad steil bergab auf einen Querweg zu, der etwas oberhalb der Ortschaft verläuft. Mit Blick auf Oberkirchen (430m) geht es nun zügig hinunter und man erreicht den Ortskern. Auch hier wunderschöne Fachwerkhäuser die typisch für diese Region sind.

Das Dorf Oberkirchen, im 13. Jahrhundert erstmals erwähnt, liegt eingebettet zwischen den hohen Bergen im romantischen Lennetal. Die Lenne, deren Quelle sich auf dem Kahlen Asten befindet, fließt weiter in westlicher Richtung nach Winkhausen und Schmallenberg. Geschichtlich gesehen war Oberkirchen Hauptort eines Kirchspiels und Zentrum einer Gerichtsbarkeit, hier wurden im frühen 17. Jahrhundert (Hexenverfolgung) zwischen Leben und Tod Urteile gefällt.

Sehenswert die barocke Pfarrkirche St.-Gertrudis (1665/66), die an gleicher Stelle steht wie die erste Vorgängerkirche aus dem Jahre 1000. Ferdinand von Fürstenberg, Fürstbischof von Paderborn, ließ sie an gleicher Stelle errichten. Auch der Wanderweg der Heidenstraße führt weiter Richtung Winkhausen, auf dem Galgenweg und über den Winkhauserweg erreichte ich schnell das kleine Dorf.

Fachwerkhäuser Oberkirchen

Pfarrkirche St.-Gertrudis, Oberkirchen

Sehenswert und für Jakobspilger interessant die kleine Dorfkapelle von Winkhausen, die auch dem heiligen Apostel Jakobus dem Älteren geweiht ist.

Von Oberkirchen bis nach Gleidorf

Nur ein paar Kilometer weiter, am Golfclub Schmallenberg vorbei, erreichte ich das beschauliche Gleidorf. Im Gasthof „Haus Richter", wo ich als Jakobspilger herzlich aufgenommen worden bin, bekam ich trotz später Stunde noch ein Zimmer. Der Wirt Maik Winkelmann war eines Pilgers gnädig und bereitete mein Zimmer vor, geschlafen habe ich nach einem Schlummertrunk wie ein Murmeltier.
Am nächsten Morgen führte mich der Jakobsweg hinauf zur Herz-Jesu-Kirche mit Turm. Im Turm befinden sich eine Krypta und zwei schöne Kirchenfenster, eines davon zeigt vermutlich den Apostel Jakobus. Etwas oberhalb der Kirche stößt man wieder auf einen Teil der historischen Heidenstraße.

Von Gleidorf bis nach Schmallenberg

Ein schmaler und dicht bewachsener Hohlweg führt steil den Hang hinauf, bis man den Jakobusstein erreicht. Der Gedenkstein wurde 2004 vom Verkehrsverein und von der Dorfgemeinschaft Gleidorf aufgestellt und erinnert an den historischen Heer- und Handelsweg der Heidenstraße.

Richtung Winkhausen

Gasthof „Haus Richter", Gleidorf

Herz-Jesu-Kirche, Gleidorf

Jakobusstein, Gleidorf

Blick auf Schmallenberg

Weiter geht es nun über die offenen Höhen und über die weiten Felder mit Blick auf das im Tal liegende Schmallenberg.

Nach einer halben Stunde hatte ich über die Straße „An der Robbecke" das Zentrum von Schmallenberg erreicht. Meine zweite Etappe und Spurensuche auf der Heidenstraße endet zunächst in Schmallenberg. Die Rückreise ins Ruhrgebiet ist einfach, mit dem Bus (SB9), geht es zunächst von Schmallenberg (Schützenplatz) nach Lennestadt-Altenhundem (ZOB), hier hat man wieder einen Bahnanschluss, der mit der Regionalbahn (RE16 - Ruhr-Sieg-Express) über Hagen und Bochum nach Essen führt.

St.-Alexander-Kirche, Schmallenberg

Fazit meiner Reise und Spurensuche ist, dass man auch ohne große Planung immer wieder im positiven Sinne überrascht wird. Nicht nur die schöne Naturlandschaft und das Erkunden der Heidenstraße sorgten für Überraschungen, auch die freundlichen Menschen, denen ich unterwegs begegnete, waren für mich ein tolles Erlebnis.

Kapitel 10

Jakobusgeschichte

Jakobus der Ältere, Sohn des Zebedeus, war einer der zwölf Apostel von Jesus Christus. Zusammen mit seinem jüngeren Bruder Johannes gab Jesus ihm auf dem heiligen Berg der Verklärung (Tabor) den Beinamen „Boanerges", das heißt „Söhne des Donners". Den Namen bekamen sie wahrscheinlich wegen ihres Eifers und der Hingabe zu Jesus. Auch war Jakobus zusammen mit Petrus und Johannes anwesend, als Jesus im Garten Getsemani Todesangst bekam, es war die letzte Nacht vor seiner Kreuzigung.

Nach Jesus Tod predigte Jakobus und die anderen Jünger im Raum Jerusalem das Evangelium, dann wanderten sie aus. Bis heute gibt es viele Legenden um ihn, so heißt es auch, dass er auf seiner Missionsreise nach Christi Himmelfahrt bis nach Spanien kam. Das Land, in dem er das Christentum verbreiten wollte, nannten die Römer Hispanien. Jakobus hatte es nicht leicht und wollte schon aufgeben, da erschien ihm bei Saragossa die Jungfrau Maria und er war guter Dinge. Um 44 n.Chr. kehrte er nach Jerusalem zurück und wurde unter König Herodes Agrippa I. hingerichtet (Apg 12,2).

Weiter heißt es, dass seine Jünger seinen Leichnam in ein führerloses Boot legten, es trieb über das Meer und strandete schließlich bei „Finis Terrae", lateinisch „Ende des Landes", an der Atlantikküste Nordspaniens. Seinen Leichnam bestatteten die Jünger Jakobus' im Landesinneren. Lange Zeit in Vergessenheit geraten wurde das Grab Anfang des 9. Jahrhunderts von dem Eremiten Pelayo, der ein himmlisches Zeichen sah, auf dem sogenannten „Sternenfeld" (spanisch „Compostela") gefunden. Es war die Geburtsstunde des Jakobuskults, man baute eine Kirche und es entstand eine große Wallfahrtstätte, das heutige Santiago de Compostela. In der Zeit der spanischen Reconquista, im „Kampf" gegen die Mauren, fand der Mythos des hl. Jakobus seinen Höhepunkt, immer mehr pilgerten zum Grab des Heiligen. Er wurde Schutzpatron Spaniens und man nannte ihn „Santiago Matamorus", der „Maurentöter". In der Legende soll Jakobus hoch zu Ross mit dem Schwert bewaffnet bei der siegreichen Schlacht von Clavijo (844) geholfen haben. Im Buch „Liber Sancti Jacobi", im mittelalterlichen Codex Calixtinus, fand man weitere heldenhafte Darstellungen des Apostels Jakobus. In der ersten handschriftlichen Überlieferung aus dem 12. Jahrhundert findet man eindrucksvolle Erzählungen über Wunderhandlungen des Heiligen Jakobus. Aber auch Interessantes über den mittelalterlichen Pilgerweg nach Santiago de Compostela.

Kapitel 11

Jakobskult in Europa

Schon seit dem Mittelalter (um 830) verbindet der Jakobsweg Europa miteinander, die Wallfahrten nach Santiago de Compostela im weit entfernten Galicien waren von jeher ein Pilgerweg der christlichen Frömmigkeit. Adlige, Ritter, Ordensleute, Abenteurer und Arme pilgerten in ihrer festen religiösen Gesinnung nach Spanien. Genau wie heute wanderten sie alleine oder in kleinen Gruppen. Es war eine nicht ungefährliche Reise, die so manches Mal beendet war, bevor sie Santiago erreicht hatten. Auf den unwegsamen Wegen lauerten viele Gefahren, Hunger, Durst und Krankheiten und nicht zuletzt durch Räuber und Wölfe scheiterte die Reise. Auch bei Unwetter und Hochwasser und den Flussüberquerungen waren die Pilger stets Gefahren ausgesetzt.

Es waren Dank-, Bitt- und Sühnewallfahrten, die in einer Zeit der Reliquienverehrung zum Grab des Apostels Jakobs führten. Viele Monate waren sie unterwegs, sie waren Fremde, reisende Menschen, die in ihrem festen Glauben und in der Hoffnung nach Antworten suchten. Die Jakobsmuschel am Hut, Mantel oder auf der Brottasche war das Zeichen für Jakobspilger. Sie hatten einen besonderen Status und wurden geschützt.

In Städten und Dörfern gab man ihnen etwas zu essen und eine angemessene Übernachtung.

Im Laufe der großen Pilgerschaften (11.-14. Jahrhundert) gab es immer mehr Klöster, Hospize und Herbergen, die am Jakobsweg lagen, auch Flüsse konnten über sichere Brücken überwunden werden. Der Pilgerboom dauerte über Jahrhunderte an, erst die Reformation durch Luther und Calvin brachte die Wallfahrten zum Erliegen. Der bis dahin andauende Pilgerboom auf dem Jakobsweg geriet im 15./16. Jahrhundert ins Abseits, doch zum Ende des 19. Jahrhunderts bestätigte Papst Leo XIII. die Echtheit des Apostelgrabs, daraufhin setzte eine erneute Pilgerbewegung ein, die bis heute andauert.

Heute im 21. Jahrhundert ist der Jakobsweg „Kult" und vereint die Europäer. Eine Vernetzung findet fast in jeder europäischen Stadt statt.

Eine Entwicklung, die zunimmt und zum Nachdenken anregt. Warum sind es so viele, was ist passiert? Ist es nur eine Selbstfindung seiner selbst oder auch aus einer Religiosität heraus. Die Antwort darauf kann sich nur jeder selbst geben.

Aber Tatsache ist, dass es jedes Jahr mehr werden. Sie kommen aus ganz Europa und anderen Kontinenten und alle haben das gleiche Ziel, sie wollen Santiago de Compostela erreichen. Sie pilgern alleine oder in Gruppen, dabei tauschen sie sich aus und tragen so dazu bei, dass sich Menschen aus verschieden Nationen näher kommen. Europa wächst zusammen und wird immer friedlicher, man findet Gemeinsamkeiten, die verbinden und der Jakobsweg trägt dazu bei.

Aber auch das Abtauchen in einer vergessenen Welt ist Bestandteil einer Pilgerung. Viele historische Orte werden durchquert und besucht, einen Hauch des Mittelalters findet man in den Gassen der historischen Altstädte. Kathedralen, Kirchen und Klöster liegen am Weg und vermitteln den Pilgern eine spirituelle Reise in einer anderen Zeit.

Buen Camino!

Ihr Bernd Koldewey

Autorenporträt (Vita)

Bernd Koldewey ist 1957 in Bochum (Nordrhein-Westfalen) geboren, lebt seit über 40 Jahren in Herne. Seit 2001 befasste er sich mit der Kultur seiner Heimat, gründete mit dem „Herner Netz" ein Kultur-Online-Magazin sowie einen zugehörigen Kulturverein und veröffentlichte zusammen mit dem Historiker Wolfgang Viehweger einen Kulturführer für Herne und Wanne-Eickel. Ab 2007 widmete er sich nur noch einem Thema, dem europäischen Jakobsweg. Er pilgerte 3000 Kilometer zu Fuß von Herne nach Santiago de Compostela, durchwanderte halb Europa.

Dabei entdeckte er seine Liebe zum Schreiben von Reisereportagen, was neben dem Pilgern zur Leidenschaft wurde. Als Jakobspilger sammelte er Erfahrungen in Deutschland, Frankreich und Spanien und hielt alles in Wort und Bild fest. 2010, im Heiligen Jahr, pilgerte er 1000 km auf der Via de la Plata. In den Jahren 2009 bis 2016 ging er auch auf Jakobusspuren im eigenen Land, er erforschte Jakobswege an der Mosel, Rhein, Sieg und Ahr.

Auch im Sauerland und im Münsterland fand er interessante Wege, die es für ihn zu entdecken und erforschen galt. Dazwischen zog es ihn immer wieder nach Spanien zurück, hier folgte er den historischen und ursprünglichen Routen der spanischen Jakobswege, er pilgerte auf dem Camino Primitivo (2013) und dem Camino de Levante (2014).

Auch in Sachen „Digitale Kunst" betätigte er sich, er wandelte seinen umfangreichen Schatz an Fotografien, die er auf seinen langen Pilgerreisen durch das westliche Europa gemacht hatte, auf besondere künstlerische Art und Weise in digital kolorierten Illustrationen um. Eindrucksvoll präsentiert er seine digitalen Kunstwerke in der Art des „Colored-Pencil-Style" (Buntstifttechnik). Daneben publizierte er einige Bücher zu Thema Jakobsweg, Fotoausstellungen und Diavorträge folgten.

Publikationen

- Valencia und der Spiegel der Sonne (Camino de Levante I), Verlag: Books on Demand, Norderstedt, 1. Auflage, März 2016, ISBN 978-3-8391-2524-3.
- Auf der Suche nach Erkenntnis – Gedanken eines Jakobspilgers, Verlag: Books on Demand, Norderstedt, 1. Auflage, März 2016, ISBN 978-3-8370-9398-8.

- Via de la Plata - Impressionen eines Pilgers: Zu Fuß von Sevilla bis nach Santiago de Compostela, Verlag: Books on Demand, Norderstedt, 2. Auflage, Oktober 2010, ISBN 978-3-8423-3392-5.
- Jakobusspuren im Ruhrgebiet: Spurensuche zwischen Rhein, Ruhr und Emscher, Verlag: Books on Demand, Norderstedt, 1. Auflage, November 2010, ISBN 978-3-8423-3897-5.
- Jakobuskult zwischen Rhein und Mosel: Pilgerwege zwischen Flüssen, Seen, Wäldern und erloschenen Vulkanen, Verlag: Books on Demand, Norderstedt, 1. Auflage, Dezember 2010, ISBN 978-3-8423-4351-1.
- Aufbruch nach Santiago: Band I: Von Herne bis nach Vézelay, Verlag: Books on Demand, Norderstedt, 1. Auflage, Januar 2011, ISBN 978-3-8423-4862-2.

- Jakobusspuren an der Sieg: Pilgern zwischen Herchen und Siegburg, Verlag: Books on Demand, Norderstedt, 1. Auflage, Februar 2011, ISBN 978-3-8423-2890-7.
- Aufbruch nach Santiago: Band II: Von Vézelay bis nach Le Puy-en-Velay, Verlag: Books on Demand, Norderstedt, 1. Auflage, Februar 2011, ISBN 978-3-8423-1960-8.

- Aufbruch nach Santiago: Band III: Die Via Podiensis, von Le Puy-en-Velay bis nach Saint-Jean-Pied-de-Port, Verlag: Books on Demand, Norderstedt, 1. Auflage, März 2011, ISBN 978-3-8391-8208-6.
- Faszination Jakobsweg: Sieben Gründe um sich auf den Jakobsweg zu begeben..., Verlag: Books on Demand, Norderstedt, 1. Auflage, Mai 2011, ISBN 978-3-8423-5578-1.
- Jakobusgeschichten für unterwegs: Legenden und Geheimnisse, Verlag: Books on Demand, Norderstedt, 1. Auflage, März 2012, ISBN 978-3-8448-1297-8.
- Aufbruch nach Santiago: Band IV: Camino Francés, von Saint-Jean-Pied-de-Port bis nach Santiago de Compostela, Verlag: Books on Demand, Norderstedt, 2. Auflage, Mai 2012, ISBN 978-3-8423-6521-6.
- Auf der Suche nach Erkenntnis: Gedanken eines Pilgers, Verlag: Books on Demand, Norderstedt, 1. Auflage, März 2016, ISBN 978-3-8370-9398-8.

Weitere Veröffentlichungen unter:
www.via-jakobsweg.de.

Website des Autors Bernd Koldewey

www.via-jakobsweg.de